幻冬舎社長
見城 徹

天才の嗅覚

Ryuho Okawa
大川隆法

まえがき

炭火《すみび》を熾《おこ》して金網《かなあみ》を乗せたところ、いきなり焼鳥になることを志願して、見城《けんじょう》徹《とおる》社長が飛び込んで来た感じである。出版界も十一年連続の売上げ減少で、書籍・雑誌あわせて、マックス時の一九九六年に比較すると、六割弱の販売額しかない（二〇一五年）ことが、昨日の夕刊に出ていた。

私たちから見れば、驚異のミリオンセラーを連発している幻冬舎《げんとうしゃ》だが、先方から見れば、人の知らない裏道を通って、しぶとく出版不況を生きのびている幸福の科学出版に異次元的《いじげんてき》なうらやましさを感じるのだろう。今回は、不況の出版界にあって、共食《ともぐ》い的光景に見えるかもしれないが、幻冬舎社長の「天才の嗅覚《きゅうかく》」を紹介《しょうかい》したい。

「本物の」衝撃《しょうげき》の公開守護霊「霊言」を読めば、出版不況からのリバウンドも近かろう。全マスコミ人必読の見城徹流「成功しなきゃ、仕事じゃない!!」講義録である。

二〇一六年　一月二十六日

幸福《こうふく》の科学《かがく》グループ創始者兼総裁《そうししゃけんそうさい》　大川隆法《おおかわりゅうほう》

幻冬舎社長　見城徹　天才の嗅覚　目次

幻冬舎社長《げんとうしゃ》　見城徹《けんじょうとおる》　天才の嗅覚《きゅうかく》

二〇一六年一月二十四日　収録
東京都・幸福の科学　教祖殿《きょうそでん》　大悟館《たいごかん》にて

「霊言現象《れいげんげんしょう》」とは、あの世の霊存在の言葉を語り下ろす現象のことをいう。これは高度な悟《さと》りを開いた者に特有のものであり、「霊媒現象《れいばいげんしょう》」（トランス状態になって意識を失い、霊が一方的にしゃべる現象）とは異なる。外国人霊の霊言の場合には、霊言現象を行う者の言語中枢《ちゅうすう》から、必要な言葉を選び出し、日本語で語ることも可能である。

また、人間の魂《たましい》は原則として六人のグループからなり、あの世に残っている「魂の兄弟」の一人が守護霊《しゅごれい》を務めている。つまり、守護霊は、実は自分自身の魂の一部である。したがって、「守護霊の霊言」とは、いわば本人の潜在《せんざい》意識にアクセスしたものであり、その内容は、その人が潜在意識で考えていること（本心）と考えてよい。

なお、「霊言」は、あくまでも霊人の意見であり、幸福の科学グループとしての見解と矛盾《むじゅん》する内容を含《ふく》む場合がある点、付記しておきたい。

幻冬舎《げんとうしゃ》社長　見城徹《けんじょうとおる》　天才の嗅覚《きゅうかく》

二〇一六年一月二十四日　収録

東京都・幸福の科学　教祖殿《きょうそでん》　大悟館《たいごかん》にて

見城徹《けんじょうとおる》（一九五〇〜）

編集者。静岡《しずおか》県生まれ。慶応《けいおう》大学法学部卒業後、廣済堂《こうさいどう》出版をへて角川《かどかわ》書店に入社し、「野性時代」副編集長、「月刊カドカワ」編集長を務める。直木賞《なおきしょう》受賞作である景山民夫《かげやまたみお》『遠い海から来たCOO《クー》』をはじめ数々のヒット作を生み出す。一九九三年、角川書店を退社独立し、幻冬舎《げんとうしゃ》を設立。五木寛之《いつきひろゆき》『大河《たいが》の一滴《いってき》』、石原慎太郎《いしはらしんたろう》『弟』他、ミリオンセラーを連発する。著書に『編集者という病《やま》い』等。

質問者

大川真輝《おおかわまさき》（幸福の科学専務理事 兼《けん》 事務局長）

斎藤哲秀《さいとうてっしゅう》（幸福の科学編集系統括《とうかつ》担当専務理事
兼HSU未来創造学部芸能・クリエーターコースソフト開発担当顧問《こもん》）

綾織次郎《あやおりじろう》（幸福の科学常務理事 兼「ザ・リバティ」編集長 兼 HSU講師）

天雲菜穂《てんくもなお》（幸福の科学第三編集局長 兼「アー・ユー・ハッピー?」編集長）

［役職は収録時点のもの］

1　幻冬舎《げんとうしゃ》社長　見城徹《けんじょうとおる》氏の守護霊霊言《しゅごれいれいげん》を収録する

「衝撃《しょうげき》の霊言《れいげん》！」と広告で〝仕掛《しか》けて〟きた幻冬舎《げんとうしゃ》

大川隆法　今日は、多少遊び心も兼《か》ねての仕事になります。

実は、最近、石原慎太郎《いしはらしんたろう》さんが、『天才』という本を出されました。これは、田《た》中角栄《なかかくえい》さんの伝記のようなものなのですが、本の帯には、「衝撃《しょうげき》の霊言《れいげん》！」と書いてあります（笑）。〝ノンフィクション〟なのでしょうが、田中角栄本人が話したようにお書きになられているのです。

例えば、「俺《おれ》はいつか必ず故郷《こきょう》から東京に出てこの身を立てるつもりでいた」といった感じで、田中角栄

『天才』（石原慎太郎著、幻冬舎刊）

が自分で言っているように書かれています。

田中角栄は、もう亡《な》くなっているので、もちろん、「伝記」ではあるのでしょう。ただ、「『作家の筆をもってすれば、霊言ぐらいは書けるんだぞ』という意味合いも少しあるのかな」というように、私は見ています。

いずれにせよ、昨日《きのう》（一月二十三日）と今日（同二十四日）の新聞広告等に「衝撃の霊言！」という言葉が載《の》っているわけです。

つまり、「大手新聞の広告審査《しんさ》を通った」ということなのでしょうが、「霊言」という言葉の意味が分かっているかどうか、広告審査基準のほうが少し気になるところでもあります。

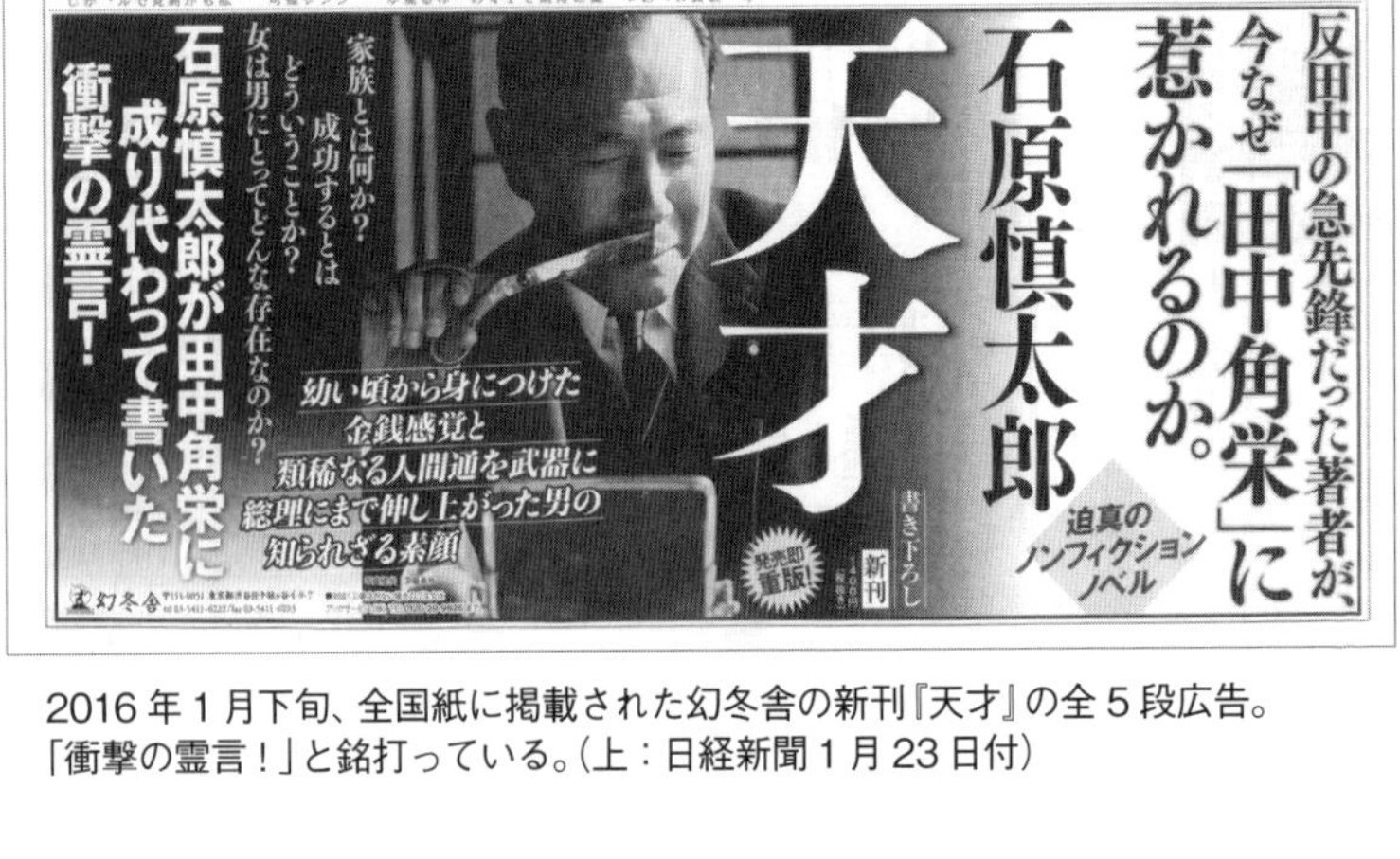

2016年1月下旬、全国紙に掲載された幻冬舎の新刊『天才』の全5段広告。
「衝撃の霊言！」と銘打っている。（上：日経新聞1月23日付）

この作品は、いちおうノンフィクションに分類されると思うのですが、「ノンフィクションノベル」と書いてあるのです。これは、「迫真《はくしん》のノンフィクション的フィクション」ということになるのでしょう。おそらく、そういうことだと思います。

〝ノンフィクション〟であるとは思うのですが、ノンフィクション的にフィクションを書いたら「霊言」ではありません。やはり、事実でなければいけないとは思うのです。

なぜ、「霊言《れいげん》」という言葉が使われたのか

大川隆法　一方、私のほうも以前、『守護霊《しゅごれい》インタビュー 石原慎太郎の本音炸裂《ほんねさくれつ》』（幸福実現党刊）という、守護霊霊言の本を出してしまったことがあります（笑）。これは、息子《むすこ》の宏高《ひろたか》さんから慎太郎さん本人に献本《けんぽん》されたらしいのですが、親父《おやじ》さんのほうは、ムカッと怒《おこ》って、「訴《うった》えてやる！」というようなことを言っていたそ

うです。ただ、息子さんが、「（幸福の科学には）選挙で支援《しえん》していただいていますので」と伝えたところ、「ああ、そうか。じゃあ、しょうがねえかな」などと言っていたようです。そういうことを伝え聞いてはおります。

ただ、向こうとしても、何か打ち返さないと気が済まないというところはあったのでしょう。そういう気持ちが、しばらく時間がたってから返ってきたのかもしれません。『守護霊インタビュー　石原慎太郎の本音炸裂』（前掲《ぜんけい》）が出たのは、二〇一二年の九月七日ですから、もう三年半ぐらいたっています。そのくらいたってからの打ち返しですから、〝霊言〟を書くのにずいぶん時間がかかるのでしょう（笑）。ちなみに、私のほうはそんなにかかりません。

また、私も、「田中角栄の霊言」は出しました。一

『守護霊インタビュー　石原慎太郎の本音炸裂』（幸福実現党刊）

『景気回復法』（幸福の科学出版刊）

冊ものではないのですが、高橋是清《たかはしこれきよ》、田中角栄、土光《どこう》敏夫《としお》の公開霊言として『景気回復法』を、また、高杉《たかすぎ》晋作《しんさく》と田中角栄の公開霊言で『救国の秘策』を出しています（共に幸福の科学出版刊）。

おそらく、田中角栄は人気があるのでしょう。今、「角栄待望論」のようなものがあるのだとは思います。

ちなみに、石原さんが、角栄さんに関する『天才』という本を出される少し前、ほぼ同時期に、栗原直樹《くりはらなおき》さんが書いた『田中角栄の青春』という本が出ました。これは伝記ですが、読んでみると、こちらのほうがよくできています（笑）（会場笑）。私の感想としては、石原さんの書いた〝霊言〟よりも、『田中角栄の青春』のほうが、伝記としてよく書き込《こ》めているようには思ったのです。

大川隆法
救国の秘策
公開霊言
高杉晋作・田中角栄
彼らは、民主敗北を見抜いていた。
「天才」と呼ばれた二人が、日本再浮上の政策・秘策を授ける。
『救国の秘策』
（幸福の科学出版刊）

編集者としての能力が高いであろう見城徹《けんじょうとおる》氏

大川隆法　さて、今回のことについて、「どうしてだろう」と考えてみました。

実は、石原慎太郎さんの『天才』を出した幻冬舎《げんとうしゃ》という出版社は、ややファナティックなところがあるというか、挑戦《ちょうせん》的な出版社なのです。（見城徹著『編集者という病《やま》い』を指して）社長の見城徹さん自《みずか》らが、戦闘《せんとう》ポーズを取って出てきていますけれども、ちょっと見るとプロレスラーのような顔をしています。自分でも本を書き始めていて、『たった一人の熱狂《ねっきょう》』という本もあれば、『編集者という病い』のなかでは、「顰蹙《ひんしゅく》は金を出してでも買え!!」などと書いています。また、『異端者《いたんしゃ》の快楽』という本もありますが、このように、多少、自分に〝異常性〟があることは感知しておられるようではあるのです。

この方は、最初、廣済堂《こうさいどう》に入ったのですが、その後、角川《かどかわ》書店で勤務して、角川春樹《はるき》さんの下《もと》で働いていました。ところが、コカイン密輸事件で角川春樹さんが逮《たい》捕《ほ》された際、役員会で辞任勧告《かんこく》のほうに賛成票を投じ、それと同時に自分も辞職することを決めたようです。そして、独立し、幻冬舎を創りました。要するに、「社長は辞任すべきだとは思うけれども、自分も責任を取って独立した」というようなことでしょう。

ともかく、九〇年代に出版社を創られたわけですが、幻冬舎の広告で、私が覚えている最初のものは、朝日新聞に出した全面広告です。その全面広告には、六人の作家の本が載っていたと思います。おそらく、角川時代から付き合いのある作家だったのではないでしょうか。数千万円ぐらい使ったとは思うのですが、彼らの本を「六冊同時発刊」ということで、広告を打っていたと思います。

私は、それを見て、「ああ、潰《つぶ》れるかもしれない」と、すぐに思ったことを覚えています。きっと、ほかの方々も同じ印象だったでしょう。立ち上げたばかりの出版社で、資金があるわけもないのに、全面広告を打ったところで、売れなかったらそれで終わりになるわけです。それで私は、「うわー、潰れるかも」と思いつつ、

「勝負師だなあ」とも感じていたのですが、幸いに評判を呼んで成功なされました。

そのあと、ベストセラーを連発されているようですし、ミリオンセラーもそうとう出しています。そのなかには、タレント本も多いでしょう。

ミリオンセラーには、唐沢寿明《からさわとしあき》さんの『ふたり』、石原慎太郎さんの『弟』、郷ひろみさんの『ダディ』、五木寛之《いつきひろゆき》さんの『大河《たいが》の一滴《いってき》』など、こういうタイトルを紹介《しょうかい》すると、「見たことがある」「聞いたことがある」という方は多いのではないかと思います。

やはり、編集者としては非常に能力の高い方であり、天才性のある方でありましょう。

「霊言《れいげん》」としては失敗している石原慎太郎《いしはらしんたろう》氏の作品

大川隆法　なお、『天才』の作者の石原慎太郎《いしはらしんたろう》さんは、私の母と同じぐらいの年齢《ねんれい》で、今さら言う必要もないほど有名な方です。今、八十三歳《さい》ですが、私が生まれたころには、すでに芥川賞《あくたがわしょう》を取られていました。一橋《ひとつばし》大学での卒業論文が『太陽の季節』として雑誌に掲載《けいさい》され、芥川賞を取ったとも言われています。このときは、「太陽族」という言葉も流行《はや》りました。

内容としては、弟の石原裕次郎《ゆうじろう》さんの生活ぶり、つまり、「当時の湘南《しょうなん》の慶応《けいおう》ボーイたちの生活ぶりを社会学的に分析《ぶんせき》した」という言い方もできるのかもしれませんが（笑）、実際は小説です。ただ、それが「面白《おもしろ》い」ということでもあったし、戦後の暗い時代を抜《ぬ》けて、急に明るくなってくる感じが描かれていたと思います。

そういう意味では、学生作家の衝撃的なデビューであり、それで芥川賞も取られたわけです。また、「慎太郎刈《が》り」といって、すっきりと刈り上げた、ご自身の髪型《かみがた》が日本中で流行りました。

石原慎太郎の芥川賞受賞作『太陽の季節』の映画化（1956年／日活）で一躍スターになった石原裕次郎（写真）。現役の慶応大学生だった。

さらに、裕次郎さんも俳優として有名になり、いろいろな作品に出られました。

なお、『太陽の季節』は映画にもなったと思います。もう、内容はよく覚えていませんが、ヨットをやるような青年たち、慶応ボーイたちの遊びを描いていました。当時の慶応は今の慶応とはだいぶ違《ちが》って、勉強というよりは、遊びや喧嘩《けんか》ばかりしていたような感じではあります。

私が小説『太陽の季節』で覚えているのは、裕次郎さんに当たる方なのか、「主人公が、自分の〝息子〟自身で障子《しょうじ》にブスッと穴を開けて通す」というようなところを描いた衝撃的なシーンでした。そんなシーンがあったような気がしますが、そのくらいしか覚えていないのです（笑）。

これは、もしかしたら、その後の芥川賞の傾向《けいこう》を表していると言えるのかもしれません。二〇〇〇年代の受賞作『蛇《へび》にピアス』にしても、そのようなもので、そうした傾向は出ているように思います。要するに、普通《ふつう》の人がしていないような経験などを書くと面白いので賞が取りやすいのでしょう。

確か、村上龍《むらかみりゅう》さんの受賞作（『限りなく透明《とうめい》に近いブルー』第75回芥川賞）も、「薬物をやりながら不思議なセックスをする」といった小説だった気がしますが、やはり、そうした傾向があったようです。

いずれにしても、石原慎太郎さんは大家《たいか》であって、今さら言うことがないほど評価が定まっています。衆議院議員も長くなされましたし、都知事もされました。また、作家としても大成功をなされたわけで、十分に満足できる成果でしょう。さらに、四人のお子様も、みなご優秀《ゆうしゅう》で、ご活躍《かつやく》されていて、言うことはない方かと思います。

おそらく、この『天才』については、「作家として、霊言《れいげん》というものが小説で書けるかどうか試《ため》してみたかった」ということに加え、「からかった」というようなことが半分ぐらいではないでしょうか。やはり、「からかい半分、挑戦半分」ぐらいのところだと思います。

ただ、霊言としては失敗しているでしょう。私の霊言は、読むと〝声〟が聞こえてくるのです。つまり、霊言をしている人の声、例えば、田中角栄の声が、ちゃんと聞こえてくるわけです。ところが、慎太郎さんのものを読むかぎり、最初の二ページぐらいまでは、田中角栄風に書けているけれども、そのあとだんだん慎太郎さんの言葉になってきています。彼が自分の言葉で書いているものであることは明らかなので、やはり無理だったのかなという気はするのです。

見城徹氏に「霊言《れいげん》とはこういうもの」とお見せしたい

大川隆法　ただし、今後のこともあります。

仕掛《しか》けは、見城徹社長でしょう。おそらく、六十五歳と八十三歳がグルになって、「ちょっと面白いから、ひとつ霊言みたいなのを書いてみないか」ということでやったに違いないとは思うのです。もちろん、大人の遊びではありますが、仕掛けてきたのなら、こちらも「乗ってやってもいいかな」という気持ちを持っています。

そこで今日は、見城さんに、「霊言とは、こういうものだよ」というのをお見せしようかと考えているわけです。

しかし、それだけでは面白くありません。幻冬舎は儲《もう》けすぎていますし、ベストヒット、ベストセラーを出しすぎています。この際、その秘訣《ひけつ》を学んでしまったほうが、当会としては得であって、元も取れるでしょう。ぜひとも本音《ほんね》ベースで、「どうやったらヒットするのか」について伺《うかが》ってみたいと思っています。

ちなみに、見城さんの本には、「編集者として、いろいろな作家に、いろいろなかたちでアプローチして、普通は書いてくれない、つまり、原稿《げんこう》をくれないような人を口説《くど》き落として書かす」というようなことが書いてあるようです。

例えば、石原慎太郎さんに初めて頼《たの》んだときには、石原さんの小説を二冊ぐらい丸暗記していき、暗唱《あんしょう》してみせたところ、「もう分かった。そこまで読み込んできたのなら、もう出すよ」というようなことで書いてもらったとのことでした。そのように、いろいろなかたちで、接待したり、誘惑《ゆうわく》したりしながら、書いてもらっているらしいのです。

ところが、私は残念ながら、三十年以上、本を書いているにもかかわらず、当会の編集部から接待を受けたことは一度もありません。（質問者に）ねえ、天雲さん（笑）。そうしたことは、まったくなく、晩ご飯《はん》をごちそうになったことさえないのです。本当に勤勉な作家であって、ただただ働き続けるラクダのような作家でしょう。「こんなふうなテクニックを使って書かせてくれる人がいたら、面白いだろうな」とは思うのですが、そういうこともなく、延々《えんえん》と働き続けています。

それはさておき、もし、見城さんが何か引っ掛かっているとしたら、去年の終わりに、『正義の法』（幸福の科学出版刊）を出すに当たって、「大川隆法著作二千冊突《とっ》破《ぱ》記念パーティー」を開き、広告を打ったりしたことかもしれません。このあたりは、少しカチンときた可能性はあります。

ただ、私としては、こんなベテランに意識されるほどではないとは思うのです。言ってみれば、石原さんも見城さんも〝怪物《かいぶつ》〟でしょう。「作家としての怪物」だし、「編集者としての怪物」だと思います。また、「そういう怪物が、私を〝怪物〟

の仲間に認定してくれようとしているのかな」という気持ちがないわけではないことも確かです。

ともかく、そのあたりを前置きにして、今日はぜひとも、「幻冬舎のマジック」、つまり、どうしたら、こんなにベストセラーが取れるのかを聞いてみたいと思います。こうしたことは、見城さんの本にも書いてありますが、手の内を全部明かすはずはありません。やはり、表向き読まれていいあたりを言っていると思うので、その裏の考え方のようなものを取れればいいと思います。

著書によると、一九八四年から「月刊カドカワ」の編集長となり、編集長を八年弱務めたらしいので、一九九二年ぐらいまでになるでしょう。当会は、一九八九年から九二年ぐらいまでは角川書店とも取引があり、文庫本の『太陽の法』（現在は幸福の科学出版刊）なども出してもらっていました。また私も、角川春樹《はるき》さんとは、当時、総合本部のあった紀尾井町《きおいちょう》ビルで何度も会っています。

そして、「月刊カドカワ」から、確か連載の依頼《いらい》が来たと記憶《きおく》しているのです。

それは、九〇年か九一年ぐらいだったと思いますが、連載の依頼がありました。ところが、私は忙《いそが》しいので、それを断った覚えがあるのです。

あのころは、とてもではないけれども、よその会社の利益のために、毎月原稿を書くほどの暇《ひま》がありませんでした。幸福の科学も、私の本と、月刊誌連載で成り立っていたので、お断りした覚えがあるのです。このときの編集長が見城さんだったのであれば、もしかしたら、二十数年たって、まだ何か思っていることがあるのかもしれません。ただ、そこで失礼があったせいで、今回、チャレンジなさっているのであれば、「申し訳なかった」としか言いようがないのです。

私としても出したかったのですが、「月刊カドカワ」に載せた場合、角川の利益にはなっても、当教団のほうは、私の時間が減っていくだけでしょう。やはりこれは、当会の編集長としては、なかなか許さないと思います。

そういうわけで、ほかの出版社から本を出したこともあったのですが、結局、収入が当会に入らないので、それほど出せなくなり、今は、幸福の科学出版専門になっているということです。

「成功しなきゃ、仕事じゃない!!」というテーマで見城徹氏守護霊に訊《き》く

と思います。

大川隆法　やや、前置きが長くなりましたが、話の内容で、またいろいろ出てくる

いずれにせよ、今日はぜひとも、百万部、二百万部というミリオンセラーを出せる方法や、編集者としての目のつけどころ、さらには、文学論というか、「売れる本は、どういうものなのか」について、あるいは、編集者の目から見て、私の本や、いろいろなものに対して意見があるようであれば、このへんを聞き出してみたいと思います。

そして、遊び半分ではあるけれども、「書き下ろした小説と、霊言《れいげん》とは違う」というところを分かっていただければありがたいと考えているのです。まあ、それは、大人の高等な遊びではありましょう。

それでは、よろしいですか。

斎藤　はい、よろしくお願いいたします。

大川隆法　それでは、ベストセラーでとても有名な幻冬舎《げんとうしゃ》の社長・見城徹さんの守《しゅ》護霊《ごれい》をお呼びいたしまして、今日は忌憚《きたん》のないご意見を伺いたいと思います。

また、今回、「成功しなきゃ、仕事じゃない!!」というテーマが出ていますので、この際、人生哲学《てつがく》、商売哲学、あるいは編集哲学のようなものを聞かせていただき、われわれの後学のために指針を与《あた》えてくだされば幸いかなと思っています。

それでは、見城徹さんの守護霊よ。

見城徹さんの守護霊よ。

どうぞ、幸福の科学 教祖殿《きょうそでん》に降りたまいて、その本心を明かしたまえ。

見城徹さんの守護霊よ。

見城徹さんの守護霊よ。
幸福の科学　教祖殿に降りたまいて、そのご本心を明かしたまえ。
ありがとうございます。

（約五秒間の沈黙《ちんもく》）

2 〝衝撃《しょうげき》の霊言《れいげん》〟『天才』を発刊した意図《いと》とは？

石原慎太郎《いしはらしんたろう》氏の『天才』の広告に「衝撃《しょうげき》の霊言《れいげん》！」と書いたわけ

見城徹守護霊　うーん……。リアクションはあると思ってはいたんだがなあ。いや、こういうかたちでくるとはなあ。ええ？　手強《てごわ》いじゃないか。

斎藤　見城徹社長の守護霊《しゅごれい》様、今日は本当に、お越《こ》しいただきましてありがとうございます。

見城徹守護霊　なかなか手強いな。「人を儲《もう》けの種《たね》に使おう」っていうのは、これはやるなあ。おたくもなかなか隅《すみ》に置けんねえ。ええ？

斎藤　本日は、本当にありがとうございます。

見城徹守護霊　いや、あんまり売れてるからさあ、ちょっとは便乗《びんじょう》させてよ。うちだって「霊言《れいげん》マーケット」ぐらい持ちたいよ。

斎藤　いえ、いえ、いえ、いえ。

綾織　これから、「霊言マーケット」を持ちたい？

見城徹守護霊　うーん、作家に〝霊言〟をたくさん書かせて、「霊言マーケット」をつくってみたいなあ。売れるんだったらね。

斎藤　（新聞広告を掲《かか》げながら）早速ですが、こちらは、先ほど、大川隆法総裁からも紹介《しょうかい》がありました、二〇一六年一月二十三日、土曜日の日経新聞の全五段広告でございます。

見城徹守護霊　うん、うん。

斎藤　こちらは、『天才』というタイトルの本の広告です。田中角栄《たなかかくえい》元首相の一人称《いちにんしょう》の表現による書き下ろしの新刊ということで、「迫真《はくしん》のノンフィクションノベル」というところまではいいんですが、（新聞広告の文字を指差しながら）「衝撃《しょうげき》の霊言！」と、こちらに表記されています。

見城徹守護霊　うーん。

斎藤　これには、どのような意図《いと》が……。

見城徹守護霊　いや、それは、まあ、予想されてるとおり……。私は、（自分の）本にあったように、もう「熱狂《ねっきょう》」とかね、「顰蹙《ひんしゅく》は金を出してでも買え!!」とか、これが基本ポリシーだからさ。顰蹙を買うようなことをやらんかったら話題にならないわけよ。

斎藤　なるほど。

見城徹守護霊　絶対、顰蹙を買うでしょう？　幸福の科学の顰蹙を買うでしょう？だから、会員さんがみんな買うじゃない、当然ね。

斎藤　（苦笑）

綾織　これを買うかどうかは、ちょっと、どうでしょう。

見城徹守護霊　ええ？　買うでしょう。「石原慎太郎《いしはらしんたろう》さんも霊言できるのかなあ」と思って買うでしょう。

斎藤　これは、やはり、「われわれ幸福の科学の信者が買うだろう」という便乗《びんじょう》商法だったわけですか？

見城徹守護霊　当然、買うし、週刊誌がもしかしたら何社か食いついてきて、「面《おも》白《しろ》い！　霊言対決でやってくれたら面白いなあ」「石原慎太郎さんに、ほかの有名人の霊言も書いてもらえば面白いんじゃないかなあ」って。まあ、そういう「マーケットを混乱させよう」なんていうのも、顰蹙を買っていいじゃないですか。

『天才』を石原氏に書かせた意図とは

綾織　これは、お二人で話し合って、やられている感じですか？

見城徹守護霊　いやいや、そういう手口は言えませんけれども。もちろん、すべては編集者の責任ですけどね。

斎藤　これは、宗教的信条に基《もと》づいてやったわけではなくて……。

見城徹守護霊　はあ！

斎藤　これはマーケットを広げる宣伝のためにやったのですか。

見城徹守護霊　いや、私はねえ、ちゃんとあの世は信じてますよ。

斎藤　えっ？　あの世は信じているんですか？

見城徹守護霊　うん、うん。ちゃんと信じてる。

斎藤　えっ、見城社長が？

見城徹守護霊　ちゃんと信じてる。よく読んでください。「私は地獄《じごく》に堕《お》ちるかもしれない」と、自分で心配して書いてるぐらいですから。

斎藤　（笑）

綾織　それは、けっこうご著書に出てきますよね。「地獄に堕ちるかも」という話は。

見城徹守護霊　ええ。角川春樹《かどかわはるき》の弟子《でし》だったわけだから、そら、あの世は信じてますよ。そら、当たり前でしょう。「魔界《まかい》マーケット」にどっぷり入ってたんですから。

斎藤　（笑）

綾織　この「霊言」というものを、どのように理解されているのでしょうか。これを最初にお伺《うかが》いしておきたいと思うのですけれども。

見城徹守護霊　いや、やっぱり、これはねえ、「どこまで霊がしゃべったように見せて書けるか」っていうところが、作家としての力量が試《ため》されるところじゃないですか。

綾織　ああ、霊が話したように見せて書いているわけですね。

見城徹守護霊　これは石原慎太郎だけだけど、ほかの作家にも、全部やらせてみたいです。

斎藤　（笑）

見城徹守護霊　誰か、伝記がある過去の人を、「霊言」というかたちで書いてみて、書けるかどうか。一人だけで駄目《だめ》だったら、十人、二十人と出してみて、「霊言マーケット」にチャレンジする〝チャレンジマーケット〟っていうのをつくったら、これ、すげえ面白いんじゃないですか。

斎藤　ああ、「霊言」という言葉を使って、今いる作家に、霊言風のものを書かそうという意図を持っているわけですね。

見城徹守護霊　まあ、もし石原さんで駄目だったら、ほかにも書ける人はたくさんいるから。書かせてみて、「どこまで、肉迫できるか。本物みたいに書けるか」っていうな。やっぱり、これ、やってみたら、大川隆法は、もっとむきになって書く。書くと、マーケットが全体で大きくなるから。

〝田中角栄《たなかかくえい》の霊言《れいげん》〟は、どこまで本物に肉迫《にくはく》できたのか

綾織　実際、できたものを読まれて、どう思われましたか（笑）。真に迫《せま》っていま

したか。

見城徹守護霊　えっ？　まあ、買えばいいのよ。読むのはどうでもいいんだよ。買えばいいよ。買ってくれればね。まあ、買うんじゃない？　いちおう。いちおう買うでしょう、これはねえ。

綾織　（笑）すみません。私は正直に言って、石原さんがご自身で、田中角栄《たなかかくえい》さんについて論評をするほうが、よほど切れ味があってよかったのではないかと思います。

見城徹守護霊　（『天才』と『守護霊インタビュー　石原慎太郎の本音炸裂《ほんねさくれつ》』の二冊を手に取って掲げながら）石原慎太郎が書いた〝田中角栄の霊言《れいげん》〟と、大川隆法が書いた「石原慎太郎、生きている人間の守護霊霊言」、どっちが本人に似てるかっていう、これは筆力勝負《ひつりょくしょうぶ》ですよ。

綾織　霊言は、筆力ではないんですよ。そういうふうに捉《とら》えられると、やはりどうかなと思いますね。

見城徹守護霊　（『天才』を手に取りながら）いや、いちおうは芥川賞作家《あくたがわしょうさっか》でねえ、大作をたくさん書いた方が、ペンを振《ふ》るって田中角栄に似せて書こうとした。（『守護霊インタビュー　石原慎太郎の本音炸裂』を手に取りながら）そもそも、何かごく短期間でサラッと、生きてる本人の目の前でズバッと居合抜《いあいぬ》きをやられるような「石原慎太郎の守護霊霊言」という、嘘《うそ》のような本当のような話をパッと出されたっていうのは、挑戦《ちょうせん》だよね。

（もう一度、『天才』を手に取って）それは、作家として応戦しなきゃいけないからｏ（二冊を掲げて）「どっちが似てるか」っていう。

綾織　ああ、なるほど。これ（『天才』）は、しかし、正直に申し上げて、「あまり筆が乗っていないないな」という感じでした。

見城徹守護霊　分かる？（会場笑）

綾織　はい（笑）。

見城徹守護霊　でも、最初の二、三ページは、それらしいでしょう？　二、三ページぐらいは。

綾織　はい。

斎藤　ただ、読んでいると途中《とちゅう》から、もうどう考えても石原慎太郎先生の……。

見城徹守護霊　言葉だよね？

斎藤　はい。石原先生の文章になっていますよね。

見城徹守護霊　それはそのとおりで。だから、騙《だま》したら詐欺《さぎ》罪になるから、最後にちゃんと「長い後書《あとが》き」を書いて、それから、引用文献《ぶんけん》もたくさん書いて、一ページ書いて、それから、年表も書いて、最後は、やっぱり、霊言、宗教家になるわけじゃなくて、作家として、いちおうノンフィクション的フィクションで挑戦したんだというようなことは、ちゃんと言ってるから、嘘はついてない。

『天才』は、インスピレーションというより努力で書かれた？

天雲　何か、「長い後書き」の最後に、「多くの啓示《けいじ》を受けた」という一言《ひとこと》もあるんですけれども、その意図は？

見城徹守護霊　ヘッヘッヘッヘッヘッへ（笑）。まあ、いいじゃないの。

斎藤　よくないですよ。ここは、はっきりさせましょう。

見城徹守護霊　そら、作家とか、画家とか、音楽家とかいうのはね、やっぱり、インスピレーションがあるかどうかっていうのが値打ちだよね。

綾織　そうですね。

見城徹守護霊　インスピレーションがある人を「天才」っていうんでしょう？　ない人は、これは天才じゃないよな。もう本当に、「ただただ働いてる」ということですから。

綾織　はい。

見城徹守護霊　この「インスピレーションのあるなし」は極《きわ》めて大事だと……。天才かどうかの線引きのところはね。

綾織　石原さんのほかの作品のほうが、インスピレーションはたくさんあると思うんです。申し訳ないですが、何かあまりにも……。

見城徹守護霊　いや、それはねえ、たぶん、もともと田中角栄は（石原慎太郎氏にとって）いちばん嫌《きら》いなタイプだったからね（注。石原慎太郎氏は、若手衆院議員時代、「反田中」の急先鋒《きゅうせんぽう》だった）。

綾織　それは分かりますけれども。

見城徹守護霊　「嫌いなタイプについて書いた」っていう、その〝企業《きぎょう》努力〟はすごいじゃないですか。

綾織　まあ、「努力」といえばそうですね。

見城徹守護霊　嫌いな嫌いな、昔、大嫌いだった人のことを、わざわざ『天才』という題自体にフィクション性があるけどね。これもジョークなんですよ、一種のな。

綾織　ああ、なるほど。

見城徹守護霊　まあ、ジョークなんですが。石原慎太郎が田中角栄を「天才」と持ち上げるなんて、これ、最大のジョークの一つではありますから。

斎藤　確かに、「反田中の急先鋒だった」という方が、逆になって書いていますね。

見城徹守護霊　いや、それは、立花隆《たちばなたかし》がだよ、田中角栄を「天才」と書いても、やっぱりジョークでしょう。ね？　だから、そういう意味では、いろいろとウィットが効《き》いてるわけですよ（注。立花隆氏は『文藝春秋』誌等で、田中角栄の金権政治を批判する記事をたびたび発表した）。

「石原慎太郎が書けないなら、ゴーストライターでないことが分かる」

斎藤　社長、そのように、ジョークのような感じで、世の中に本を出していってもいいのですか。

見城徹守護霊　いや、だけどね、やっぱり、これだけ（幸福の科学の）本が出てると、みんな、これはゴーストライターがさあ……。

池田大作《いけだだいさく》は、大川隆法があんまり本を出すので、昔、何か「ゴーストライターが四人だったところを、五人に増やした」とかいう噂《うわさ》が流れたときもあったけどさあ。まあ、これだけ（大川隆法の）本が出てたら、やっぱり、それは、「十人やそこらは抱《かか》えてるんじゃないか」っていう気はするよね。

だから、やっぱり、「書けるかどうかチャレンジしてみる」っていうのは、一つのあれじゃないですか。石原あたりの大作家で書けないんだったら、もう書けないっていうことだから、君たちにとって有利なことですよ、ある意味ではね。

綾織　本当にありがたい話です。やはり、（『天才』は）「本物の霊言」とあまりにも違《ちが》いますので。

見城徹守護霊　だから、これだけの大作家がもし書けなかったとしたらね、いわゆる、本当に売れない人たちがゴーストライターで書いてる、代筆して書いてるやつの筆力では書けないことは分かるわな。

綾織　そうですね。

見城徹守護霊　これ以上の作家は、今、生きてないからね。だから、この人が書けないんだったら、書けない。そういう意味では、君たちにとっては、博打《ばくち》的ではあるけど、チャレンジ、チャンスじゃないですか。ねえ？

綾織　なるほど。

見城徹守護霊　うん。だから、まさしく、そのチャンスに君らは乗じてきて、私が儲けようとしてるのに、そっちも儲けようとして、ダブルで儲けて……。

斎藤　（苦笑）そういうことではないと思いますけれどね。

見城徹守護霊　日本のデフレスパイラルを、今、抜け出そうとして頑張《がんば》ってるんじゃないか。

綾織　（笑）

見城徹守護霊　出版界は一兆円のリセッション（景気後退）のなか、今、頑張ってるんですから（注。書籍《しょせき》と雑誌をあわせた紙の出版物は、二〇一五年の推定販売《はんばい》金額が一兆五二二〇億円となり、ピークだった一九九六年の二兆六五六四億円から一兆円以上の落ち込《こ》みとなった）。ね？

綾織　確かに、そうですね（苦笑）。

見城徹守護霊　そうでしょう？

綾織　ただ、こちらは儲けようというわけでなくて、啓蒙《けいもう》としてやっているんです。

見城徹守護霊　いやいや、そちらは本物かもしれない。だから、「本物の霊言集シリーズ」を、三百五十冊か何か知らんけど、どんどん出してください。こちらは、〝偽物《にせもの》霊言シリーズ〟っていうのを、あえて打っとるんだ。

斎藤 （苦笑）

見城徹守護霊 〝偽物霊言シリーズ〟っていうのを百冊ぐらい出して、同じやつをぶつけていって、みんなに読み上げてもらうっていうのも、面白いじゃないですか。

綾織 なるほど。

見城徹守護霊 で、君たちが勝てばさあ、それ、証明になるじゃない。

綾織 はい。

見城徹守護霊　裁判所とかさ、文科省とか、いろいろ困ってるんじゃないの？

3　角川《かどかわ》書店時代、幸福の科学をどう見ていたか

「フライデー事件のときには、角川《かどかわ》が助け船を出したのに」

斎藤　ただ、社長、最近、幻冬舎《げんとうしゃ》でも、本願寺《ほんがんじ》の大谷暢順法主《おおたにちょうじゅんほっす》の『人間《ひと》は死んでもまた生き続ける』とか……。

見城徹守護霊　うん、うん、うん、うん、うん。

斎藤　東大病院の矢作直樹《やはぎなおき》先生の同じような内容の本（『見守られて生きる』『おかげさまで生きる』）を出しているじゃないですか。

見城徹守護霊　うん、うん、うん、うん、うん、うん。

斎藤　そういう意味で、最近、「もし死んでもまだ生きていて、魂《たましい》があったらまずいなあ」と思っておられるんじゃないんですか。

見城徹守護霊　うーん。

斎藤　「地獄《じごく》に堕《お》ちたくない」と、先ほど言われていたじゃないですか。こういう「〝霊遊び〟をやっていると、ものすごく危険だ」という認識も、一方であるんですよね？

見城徹守護霊　いや、〝霊遊び〟してるだけじゃないんだ。私は、さっき、ちょっと紹介《しょうかい》があったようにね、編集者として、「あの人は絶対書いてくれない。原稿《げんこう》をくれない」っていうような人をおびき出して書かせたりするのが得意なわけよ。
だから、（大川隆法が）「月刊カドカワ」の連載《れんさい》を断《ことわ》ったなんて、そんな名誉《めいよ》なことを断る人なんて、普通《ふつう》いませんよね。今まで、いろいろなものに書いてた人なら分かりますよ。「今、連載をいっぱい持ってるんで書けません」っていうの、それはあるし、そしたら、何回も何回も足を運ばないといけない。

だけど、あっさりと、「『月刊カドカワ』には書けません。忙《いそが》しいので」って断ってきたからさ。あんな、〝新進宗教〟で、当時、「講談社フライデー事件」で大騒《おおさわ》ぎしてたわけだ。角川《かどかわ》が助けの船を出してるのにさあ、助けを。

綾織　ああ。やはり、そういうおつもりだったのですか。それは、ありがたいですね。

見城徹守護霊　そりゃそうですよ。角川の、あんた、「月刊カドカワ」に毎月書け

●講談社フライデー事件　1991年5月より講談社が「週刊フライデー」誌上などで幸福の科学を誹謗・中傷し始め、同年9月、それに対して信者たちが抗議した出来事。

ば、ちゃんとした作家というかね、そういう評論家みたいな感じで、ちゃんと入れるじゃないですか、体制内に。ねえ？　それを、救い船、出したのにさあ。

斎藤　ああ、そういうこともあったのですね。

綾織　「講談社フライデー事件」から二十五年たちますが、感謝の気持ちはお伝えしたいです。

見城徹守護霊　え？　誰《だれ》に感謝するの？

綾織　今日は、「霊言」というかたちで見城さんの本音が世の中に出ますので、そういうかたちで。

見城徹守護霊　いや、角川春樹《はるき》元社長だって、〝角川神社〟を持ってるけど（注。角川春樹氏は、軽井沢《かるいざわ》に「明日香宮《あすかのみや》」という神社をつくって所有している）、ある程度、信仰《しんこう》は持ってたよ。だから、病気になったときにねえ、一生懸命《いっしょうけんめい》、幸福の科学の本を読んだり、テープを繰《く》り返し聴《き》いたりして、病気治しをしてましたからねえ。だから、信仰心は持ってたんですよ、ちゃんとね。

角川春樹《かどかわはるき》元社長は、『太陽の法』を角川で映画化したかった

斎藤　大川総裁も先ほど言われていましたが、見城さんは、一九九三年に幻冬舎を設立、登記して、独立退社するまで角川《かどかわ》にいらっしゃいました。
そして、「月刊カドカワ」の編集長から取締役《とりしまり》編集部長に昇格《しょうかく》されたころに、そうした助け船を出すという判断で、われわれ幸福の科学のお手伝いというか、当会を下支えしようとしてくださったわけですが、そのときから、もう幸福の科学には注目されていたのでしょうか。

もちろん、「角川元社長が、大川総裁と紀尾井町《きおいちょう》ビルでお会いしていた」ということも、先ほどの解説でありましたが、当時、角川におられた見城社長は、どのように幸福の科学を見られていたのですか。

見城徹守護霊　うん、やっぱり、（幸福の科学は創立から）まだ、数年だったよね。新進気鋭《しんしんきえい》ではあるけど、本はたくさん出してるし、いちおう大講演会もやってるしさ。『太陽の法』（前掲《ぜんけい》）の映画化だって、いちばん最初は角川が言ったんだよ。

斎藤　そうなのですか。

見城徹守護霊　あんたは知らないでしょうが。

斎藤　私は知らないです。

見城徹守護霊　ああ、〝ぺーぺー〟だから知らないでしょう。

斎藤　（苦笑）当時〝ぺーぺー〟でしたから知りませんでした。

見城徹守護霊　うん。角川は映画をつくってたでしょう?

斎藤　ええ。

見城徹守護霊　だから、角川春樹《はるき》社長は、直々《じきじき》に、「『太陽の法』を角川書店で映画化しましょう」と、紀尾井町ビルに言いに行って、大川隆法さんは、あっさり断ってるんです。

最初は、ちょっと聞いてくれたんだけど、いやあ、角川社長が、「映画で成功するためには、一つだけ重要なポイントがあるんです。原作者が映画について口を出さないことです」と言ったわけですよ。

斎藤　はあ……。原作者なのに口を出してはいけないのですか。

見城徹守護霊　そうそう。原作者が映画に口を出したら、たいてい失敗するから。それで、角川社長が「原作者は黙《だま》って、映画をつくるほうはつくるほうで別途《べっと》やったら成功するけど、原作者が口を出すと、たいていうまくいかないんで」っていうようなことを言ったのを聞いて、何かお断りになったらしいので。

なんか、社長はね、「角川で文庫本を出して、映画を同時にかけて、映画と両方の宣伝をやらずして、今までミリオン、百万部以上っていうのは出たことがないから、メディアミックスでやらないかぎりミリオンセラーは絶対出ないんだ。だから、それでやろうじゃないか」と持ちかけていたんです。

角川《かどかわ》文庫をめぐって起きた「いろいろなこと」

見城徹守護霊　あの当時、『太陽の法』を文庫本で角川《かどかわ》から出したんです。もうすでに（他の出版社から単行本で）出てたものですけど、あれを一カ月で、おたくは百万部売っちゃったんですよね。角川の文庫本を、映画をやらずに一カ月で売っちゃったんですよ。

斎藤　はい。

見城徹守護霊　確か一九九〇年の秋だと思いますけど、百万部売っちゃったんですよね。

斎藤　ええ、ええ。

見城徹守護霊　だから、「映画をやったら、どうなるんだろうか。さらに、もっと行くんだろうか」って、やっぱり希望が膨《ふく》らむじゃないですか。そういうのはあったんです。

そういうふうに、角川社長は、「映画とミックスでなければ、絶対、ミリオンは出ない」という意見だったんですけどね。それで、「あれ（『太陽の法』）を映画にしよう」と言ったんだけど、お断りされて、結局、自分であと何年かかかって（映画として）出されましたよね（注。『太陽の法』は二〇〇〇年、大川隆法製作総指揮により長編アニメーションとして映画化された）。

だから、内容のほうを、角川映画風につくられるのが嫌《いや》だったんだろうなと思うんですね。確かに、ちょっと超能力《ちょうのうりょく》物みたいにつくりますからねえ、角川のほうは。原作者は、「これ、違《ちが》う」って必ず言うので、「それを言わせない」ということだったんだとは思いますけどね。

あと、文庫本をいっぱい（十数点）出したんだけど、要するに、「教団の収入にならない」ということで……。角川文庫でだいぶ出したんですけど、「教団の利益にならない」ということで、途中から、もうあまり（信者が）買ってくれなくなってき始めたんで、在庫がね……。

まあ、だいぶ刷りすぎたので、「買ってくれないか。一カ月以内に買ってくれなかったら裁断《さいだん》する」みたいな感じのことを（角川春樹）社長が言ってたんだけども。「もう在庫置き場が大変だから、裁断する。それは全社的な方針なので」というようなことを言ったけど、特に幸福の科学のほうは買ってくれなかった。

というようなことで、文庫本を裁断したわけよ。裁断しちゃったらねえ、コカイン（密輸）事件で（角川社長が）とっ捕《つか》まっちゃってね。「罰《ばち》が当たった」っていうので、なんか、もう大騒動《そうどう》になっちゃってね。大川隆法の本を裁断にかけたら、急に警察が動いて捕まっちゃったんで。それで大騒ぎで、社長も辞《や》めないといかんようになったし。まあ、そうなんですよ。いろいろあったんですよ。

幸福の科学には、最初から「独立不羈《どくりつふき》」の感じがあった

斎藤　大川隆法総裁の主著の『太陽の法』は読まれたのですか。

見城徹守護霊　そりゃ読んでますよ。

斎藤　何か感じました？

見城徹守護霊　ええ？「感じました？」って、まあ、それは、いろいろ感じましたよ。

斎藤　（笑）やはり、「霊的なものは信じる」っておっしゃっていましたけれども。

見城徹守護霊　いやあ、どこまで行くかなあっていう、やっぱり、それは「読み」ですけどねえ。

だから、一九九一年の大騒ぎのときはね、「宗教法人を取って、そのまま逃《に》げ切るか、潰《つぶ》れるか。どっちに行くか」ってみんなが見てるところで、角川とか、それから、学研《がっけん》とか、こういうところは確か、幸福の科学の応援《おうえん》のほうに回ってたと思いますが。学研からも本を出してましたよね？

斎藤　はい。当時、学研からも三冊出しています。

見城徹守護霊　ええ。学研からもあれでしょう？　何か『愛は風の如《ごと》く』（現在は幸福の科学出版刊）という本を出して……。

斎藤　はい、そうです。

見城徹守護霊　あれも学研から映画化しようとしてたんですけど……。

斎藤　そうです。アニメですね。

見城徹守護霊　アニメね。あれは結局、でも、自力で全部やっちゃったんですよね。やるほうに行ったんですよね（注。『愛は風の如く』は一九九七年、大川隆法製作総指揮により長編アニメーションとして映画化された）。

だから、幸福の科学は、そういう意味では、ちょっとかじってみたけど、最初から、「他人《ひと》の力で恩義を何か受けたあと、大きくしてもらった」みたいに言われるのは嫌いなんだろうなという感じ、そういうパトロン嫌いの感じはありましたね。それで、独立不羈《どくりつふき》みたいな感じは受けました。

やっぱり、私たちが持ってる作家たちは、自分で出版社をつくってまでは、やれませんから。村上春樹《むらかみはるき》だって、それは無理です。「〝村上春樹出版〟で自分の本を出して売る」っていうんだったら、別な業務が発生しますからね。そんな経営をやりながらは、やっぱり書けません。それは無理ですよ。喫茶店《きっさ》のマスターをしながらぐらいだったら書けるかもしらんけども、出版社を経営しながら書くのは大変。

私は書きますけどね。多少は書きますけど、作家じゃありませんからね。ただ、編集の面白《おもしろ》いところとか、性格が面白いから、読みたがる人もちょっといるので。多少は有名になって、(幻冬舎の)本の宣伝になるかと思って、やってるとこはあるんですけど。まあ、これ自体で儲《もう》けようと思ってるわけじゃないんだけどね。

4　見城徹氏守護霊には「大川隆法」がどう見える？

「大川総裁は、やっぱり化《ば》け物、大化け物だね」

綾織　近年の大川総裁の仕事は、遠目でもご覧になっていると思いますけれども……。

見城徹守護霊　〝遠目〟も〝近目〟も見てます。

綾織　ああ（笑）。

見城徹守護霊　そらあ、今、見てない人はいないでしょう。

綾織　なるほど。

見城徹守護霊　出版社で見てないとこはないと思うなあ。

綾織　はい。どのあたりに注目されていますか。もちろん「霊言《れいげん》」というのもあるんでしょうけれども（笑）、トータルで考えて。

見城徹守護霊　うーん……。やっぱり、化《ば》け物だね。化け物。「怪物《かいぶつ》」とさっき言われたから、「化け物」と言い返すけど。ううーん、化け物……。うーん、怪物……。まあ、化け物かなあ。

綾織　はあ、なるほど。

見城徹守護霊　「大化《おおば》け物」だな。

綾織　宗教家とはカテゴリーは違《ちが》いますが、いろいろな作家の方々とお付き合いをされて、仕事もされてきて……。

見城徹守護霊　もし、書いてることとか言ってることが、全部本当だったら、とんでもない化け物だわ。そのクリエイティビティー、創造性っていう意味では、化け物。化け物です、本当に。これはちょっとダントツですね。信じられないわ。

綾織　「本当だったら」ということなのですけれども、「本当だ」というのは、今日、こういう「霊言」の場があって、実感されているところだと思います。

見城徹守護霊　うーん。

「〝化《ば》け物〟でなければ、ものすごく〝頭のいい人〟だと思う」

見城徹守護霊　でなければ、ものすごく頭のいい人だわ。化《ば》け物でなければ、これは、ものすごく頭のいい人だ。見たことがないぐらい頭のいい人だと思う。それしか考えられない。そういう人も、たまにいるかもしれないから。ものすごく頭のいい人だ。これは、もう世間《せけん》全部を手玉《てだま》に取れるぐらいの天才的な頭のよさを持ってる人だと思う。

斎藤　それは人間知を超《こ》えるところがありまして、一昨年《いっさくねん》（二〇一四年）の八月七日から、翌月の九月六日までの、ちょうど三十一日間の間に、執筆《しっぴつ》されたというか、霊言や法話《ほうわ》を録《と》り下ろされて、書いて出して、世の本屋さんに出した数が、三十八冊なんですよね。

見城徹守護霊　あ、言うなよ、それ。

斎藤　（笑）いえいえ。三十一日中に三十八冊発刊。うち新規書き下ろしが三十冊。スーパースピード発刊。これは、おそらく、人間として〝頭がいい〟だけでは、ちょっと書けないのではないかと思いますが……。

見城徹守護霊　あのねえ、よその出版社の社長に言うなよ、もう、そういうね……。

斎藤　いやいや。

見城徹守護霊　それは、私に嫉妬《しっと》させたいわけ？

斎藤　いや、事実を申し上げております、事実を。

見城徹守護霊　もう、「火に油を注ぐ」っていう言葉、君、知ってる？

斎藤　（笑）いや、「頭がいい」と言われたので。ただ、「頭のよさだけで、そんなにも書けるわけがない」という視点も、一方であるものですから、一言《ひとこと》だけちょっと……。

質問者の一人を〝仲間〟扱《あつか》いする見城徹氏の守護霊

見城徹守護霊　あるいは、君が、もしかしたら強力なゴーストライターかもしれないな。

斎藤　私がですか？

見城徹守護霊　うん。

斎藤　〝脳〟がありません（笑）、ちょっとそこまでは……。

見城徹守護霊　いや、そんな謙遜《けんそん》は……。

斎藤　私はもう、ひたすらに（録り下ろされた説法《せっぽう》や霊言の）音声起こしをしたり、編集の〝下支え〟の生活を、今していますので（笑）。

見城徹守護霊　いや、「編集者」っていうんだったら、もしかしたら、私以上の編集者かもしれない。

斎藤　何を言われます。そうやって、〝たぶらかす能力〟が高いので、危ないですよ。

見城徹守護霊　まあ、それはお互《たが》いに〝仲間〟だから、そんなようなもんだろうけど……。

斎藤　いや、何を言われますか（笑）。それは、危ないですよ。ここはカットしてください。

見城徹守護霊　ハハハハ、ヘヘッ（笑）。

「大川隆法さんは、ありえないアウトロー」

綾織　今日は実際に、ご自身が、見城社長の守護霊として霊言を経験されたわけなので、ぜひ、このお気持ちを見城社長にお伝えいただきたいなと思うのですけれども（笑）。

見城徹守護霊　いや、こういうの（霊言）で勝負したら、普通《ふつう》、袋叩《ふくろだた》きに遭《あ》うよね。世間から袋叩きに遭って抹殺《まっさつ》されるのが普通だし。あとは、病院送りにされるか、警察に持っていかれるか、何かされそうなのが、普通。まあ、みんな、そう思ってたと思うよ。

綾織　うーん。

見城徹守護霊　（大川隆法の本を）最初に出してた出版社はマイナーな出版社だったし、大手から出してはいなかったから、「詐欺《さぎ》か何か、そういうのでやられるんじゃないか」って思ってた人は、多かったんじゃないかねえ。

「（本を）三十年以上も出し続ける」なんて思ってなかった人もいるし、「教団が大きくなるか、潰《つぶ》れるか」っていうのを、みんな見てたと思うけど。

（幸福の科学は）客観的には、あとからグイグイと追い上げて抜《ぬ》いていったようなところはあるので、ある意味では、まあ、もし、本がご自分（大川隆法）の作だったら、本に関しては才能があるんだろうけれども、経営者的には、すごい異能《いのう》だなあと思うな。

異能だけど、うーん、角川春樹《かどかわはるき》とは、ちょっと違うタイプの異能さを持ってる。

あれ（角川春樹）も霊能者なんだけどね。ちょっと変わったことをずいぶんなされる方だけど。常軌《じょうき》を逸《いっ》したことをやって、人目を引くようなことを、けっこうやられてる。私も、彼と一緒《いっしょ》に古代船に乗って、海を渡《わた》ったりしたこともあるけど、まあ、変わってる（注。角川春樹氏は、「野性号」という名の古代船を建造し、対馬海峡《つしまかいきょう》を横断。その様子を書籍《しょせき》『わが心のヤマタイ国――古代船野性号の鎮魂歌《ちんこんか》』〔角川書店刊〕で発表した）。

大川隆法さんは異能だけども、異常にノーマルなところもあるよねえ。非常にノーマルな、律儀《りちぎ》な、正統派のところがあるので、角川春樹さんも「幸福の科学は敷《しき》居《い》が高い、敷居が高い」っていつも言ってたから、口癖《くちぐせ》みたいに。「なんかエリート集団みたいで、敷居が高い」っていつも言ってて。

角川書店から見て「敷居が高い」っていうのは、まあ、そうなんだろうよ。敷居が高いんでしょうねえ。

角川にだって、インテリはけっこういるんですけどねえ。「敷居が高い」って、ずいぶん言っておられたからねえ。

アウトローという意味では、角川春樹もアウトローだし、見城もアウトローだろうと思うけども、大川隆法さんだって、アウトローっていうのではピカイチで、〝横綱《よこづな》級〟でしょう。そらあ、もうアウトローでしょ、ある意味ではねえ。ありえないアウトローでしょ、これはねえ。

見城社長は大川隆法や霊言《れいげん》をどう見ていたか

天雲　幸福の科学の立宗当時から、大川総裁に注目して、見ていらっしゃったのですか。

見城徹守護霊　いや、面白《おもしろ》いとは思ってましたよ。化け物か怪物かは知らないけどども、ある意味での類似性《るいじ》は感じてましたよ。われわれとの、何て言うか（笑）、まあ、類似性と言ったら申し訳ないかもしれないけど、「普通でないところ」は感じてましたよ。アブノーマルなところ、それは感じてました。「これは普通でないな」という感じはあったよ。「それが、どっちに転ぶか」は、ちょっと分からない感じはありましたなあ。

天雲　当時から霊言は出ていたのですけれども……。

見城徹守護霊　ああ、そうだね。

天雲　そのころから、霊言をご存じでいらっしゃったのでしょうか。

見城徹守護霊　うん。それは知ってましたよ。いや、角川文庫でも（幸福の科学の）霊言は出してますからね。うーん、「面白い切り口だなあ」とは思ってましたけど。

もちろん、有名人の、過去のお坊《ぼう》さんとかいろいろ出してるので、「勉強した人が書けば書けないこともないから、『本物か、偽物《にせもの》か』っていうのは、ずっと問われるだろうな」というのと、「宗教学者の攻撃《こうげき》とか、作家や評論家やマスコミの攻撃とかをたくさん受けるだろうな」とは、当時からもそら思ってましたよ。「それを乗り越《こ》えて生き残れるかなあ、どうかなあ」というのは、ずっと見てはいましたけどねえ。

「幸福の科学の反応を見て、ベストセラーにできるのを抑《おさ》えたんだよ」

天雲　幸福の科学としては、霊言をいったん十数年間ストップして、二〇一〇年ぐらいから、またダーッと出し始めたという経緯《けいい》があるのですが、そのあたりもご覧になって、いかがですか。

見城徹守護霊　五木寛之《いつきひろゆき》さんなんかもねえ、一時期、筆を断《た》って、仏教修行《しゅぎょう》っていうか、勉強された時期もあってね。それからまた作家寿命《じゅみょう》が長くなって、仏教ものなんかも書いたりなされているけども。五木寛之さんみたいな人でも、幸福の科学というか、大川隆法さんのは怖《こわ》いらしいから、コメントが。

綾織　そうですか。

見城徹守護霊　コメントを見て、「危ない」と見たら〝縮《ちぢ》まる〟ようですので。「もしかしたら、こいつは、パシッと攻撃してくるかも」と思ったら、ピョッと控《ひか》えてるみたいですねえ。

斎藤　ああ、確かに。

ぜひ、一言《ひとこと》お伝えしたいのは、幻冬舎《げんとうしゃ》さんで出した、五木寛之先生の『下山《げざん》の思想』についてですね。

見城徹守護霊　それね。そうでしょ。

斎藤　幻冬舎新書で出されましたが、あれはまずかったのではないですか。

見城徹守護霊　いや、われわれは、君らの反応を見て、（『下山の思想』を）ベストセラーにできるのを抑《おさ》えたんだよ、ほどほどにね。

綾織　ああ。

見城徹守護霊　ほどほどに抑えたんだよ。やっぱりね、「ちょっと危険かな」と思って。

斎藤　あれは、霊的に見ると、地獄《じごく》的な思想であるというようなかたちで認定されているところがあるのですが（『天照大神《あまてらすおおみかみ》のお怒《いか》りについて』〔幸福の科学出版刊〕参照）、そういうものを発刊するというのは、いかがなのでしょうか。「売れればいい」ということなのですか。

見城徹守護霊　そりゃあ、われわれは、そういう宗教家や宗教学者じゃないから、価値判断するだけの材料を持ってはないけどねえ。

まあ、一般《いっぱん》的に言えばね、五木さんも、石原《いしはら》先生と変わらないぐらいの大作家で、若いころからずーっと書いてる大作家ですから。一般世界から見たら大先生で、「五木先生が、こうおっしゃった」っていうと、みんな、「はい、はい」っちゅうて動くぐらいの大先輩《せんぱい》ですからね。大先生なんでね。

だから、われわれは、「彼の思想に間違いがあるか、ないか」みたいなことを論評するような立場にはないわけで、彼が彼の名前で書くことによって、責任を自分で取ってくださってる。

斎藤　なるほど。内容のジャッジはあまりしないで、大家の方ということで……。

見城徹守護霊　うーん。でも、確かに、「売れそうかどうか」は判断して……（笑）、エヘヘヘヘ。

斎藤　（苦笑）やはり、「売れるかどうか」だけは。なるほど。

見城徹守護霊　ただ、日本全体は、やっぱり、「下山の思想」風に言ったほうが反応しやすいじゃない。

斎藤　なるほど。

見城徹守護霊　悪いことのほうに、人は反応するでしょ？　だいたい、いいことや「よくなる」っていうのには、大して反応しないけど、「悪くなる」っていったら反応するじゃない。ね？

「一人の人から、いろいろな思想が出てくること」への興味

綾織　そのあたりの、「売れる、売れない」というところの判断について……。

斎藤　今日は、これをぜひ、われわれも学びたいですよね。

綾織　これは、経験上、幾《いく》つも持たれていると思うのですけれども。

見城徹守護霊　君らは、基本的に、だいたい光明《こうみょう》思想的な、明るい、発展的なものが好きじゃない？
　まあ、ときどき、破滅《はめつ》の〝あれ〟を挟《はさ》み込《こ》んでくるけどさ。

綾織　「警告」として、ですね。

見城徹守護霊　ただ、だいたいは明るいじゃん。ね？　ときどき、破滅の〝あれ〟とかがあるし、最近は政治的発言も多いから、それについて、意見はいろいろあるだろうとは思うけど。

でも、とにかく、ジャンルがどんどんどんどん広がってきているので、この広がり方の異常性……。

まあ、私たちは、いろいろな作家を取り揃《そろ》えるっていうかな、いろんな方面の作家を取り揃えて、そのジャンルに合った編集者を配置して、それ専門にやらせる考え方をするんだけどね。

だから、「一人の人から、いろいろなジャンルの思想が出てくる」っていうのは、非常にやっぱり、こういう出版業界っていうか、編集者出身の者としては、興味は尽《つ》きないですよね。「本当に、そういうことがありえるんだろうか」っていうことだよねえ。

●ジャンルが……　幸福の科学では宗教的な教えのみならず、政治、経済、外交問題、国際情勢、教育、語学、美・芸能、未来科学、宇宙など、多岐にわたっている。

綾織　確かに、一つひとつ、まったく違うものが出てきます。

見城徹守護霊　石原慎太郎《しんたろう》さんも、もちろん、経験があるから政治のことは書けるし、「小説」と「政治」と二つ行けますけども、「いろいろなジャンルを書けるのかどうか」って、やっぱり、これは見物《みもの》だよねえ。

ここまで来たらもう、次は、『太陽の法』（前掲《ぜんけい》）を書いてるんだから、『太陽の季節』の〝大川隆法版〟でも出したらどうですか？　うちに持ってくるんだったら考えてみるよ。

斎藤　いや（苦笑）、どうでしょう。

5 「天才編集者・見城徹」のホンネに迫《せま》る

見城社長が持つ「編集者としての霊感《れいかん》」とは

斎藤　「二十一年間で二十一冊も、ミリオンセラーを出し続けている」というところだけは、「本当にすごいな」と思っていました。

見城徹守護霊　（斎藤を指して）自分で言うなよ！

斎藤　いや、いや、いや、いや（苦笑）、違《ちが》いますよ。確かに、（幸福の科学出版も）二十五年間、ベストセラーですが……。

見城徹守護霊　ああ、こっち（幻冬舎《げんとうしゃ》）の話か？

斎藤　そちらの話です。

見城徹守護霊　ああ、うちの話か。びっくりした。てっきり、おたくの話だと……。

斎藤　こちらも、二十数年連続で、ベストセラーでやってはいるのですけれどもね。紀伊國屋《きのくにや》書店などでも、ずっと、トップなんですよ。

ところが、そちらも二十一年間で二十一冊のミリオンセラーというのは……。

見城徹守護霊　いや、今年、狙《ねら》ってるのよ。『大川隆法という病《やま》い』とか、こんなん出してみたいよ。

斎藤　いや、ちょっと、それはまずいです（苦笑）。（幻冬舎は）二十一年間、ミリオンセラーで、例えば、有名な『ダディ』なども出しているではないですか。

見城徹守護霊　ああ。

斎藤　なぜ、そんなに出せるのですか。

見城徹守護霊　そらねえ、やっぱり霊感《れいかん》だよな。

斎藤　またまた。そういう感じではないって、さっき言っていたくせに。

見城徹守護霊　いや、霊感はあるよ。「編集者としての霊感」はあるんだ。

斎藤　「編集者の霊感」とは、何ですか。

見城徹守護霊　うーん。だから、作品を書くほうの霊感ではなくて、編集者としての霊感はねえ、もうこれは……、私には、「動物にかなり近いんじゃないか」と思うぐらいの〝嗅覚《きゅうかく》〟があるんだ。

綾織　それは、地上のご本人のことですよね？

見城徹守護霊　うん、そうだよ。

綾織　霊感があると？

見城徹守護霊　うん、そう、そう、そう。

綾織　守護霊さんもアドバイスをされているわけですね？

見城徹守護霊　ああ。なんかねえ、お金の匂いがするわけよ。

綾織　ああ。

斎藤　（苦笑）お金の匂いの霊感ですか。

見城徹守護霊　うん。プンプンプンプンとね。「（鼻で息を吸い）ん？　これは」というように……。

斎藤　はあ。「これは、いいな」というように……。

見城徹守護霊　例えば、「酒臭《くさ》いな」っていうのと同じように、「金臭いな」っていうか……、これはあるんだよなあ。

斎藤　（苦笑）

　「一年未満ぐらいの予知能力があるんじゃないかなあ」

綾織　匂ってくるところは、何からなのですか。

見城徹守護霊　うん？

綾織　例えば、その匂いが、何から出てくるのでしょうか。

見城徹守護霊　うーん。やっぱり、「未来」がちょっと見えるんじゃないかなあ。まあ、私は大して先は見えないんだけど、一年以内ぐらいの、例えば、年初に、「年末までに、こういう本が売れるそうだ」みたいな感じの、そういう匂いは感じて。一年未満ぐらいの予知能力があるんじゃないかなあ、もしかしたら。

斎藤　はあ。予知能力があるのですね。

見城徹守護霊　うん。

斎藤　でも、お金の匂いがプンプンする、それは何ですか。小説などでしたら、お金とか、女性とか、名誉《めいよ》とか、事故とか、事件とか、殺人とか、テーマはいろいろあるではないですか。

見城徹守護霊　うん、うん。

斎藤　お金につながってくるテーマみたいなものは、何かあるのですか。

見城徹守護霊　講談社もねえ、基本的に、お金の匂いを感じる出版社なんですよ。

斎藤　ほおお。講談社もお金の……。

見城徹守護霊　要するに、講談社も、お金の匂いがするところをクンクンと嗅《か》いで〝あれ〟をするところであるんですけどね。あそこも、「お金」なんですけど。だから、お金の匂いがするので、幸福の科学に嫉妬《しっと》したんだと思うんですね、昔は。

斎藤　はああ。

見城徹守護霊　「講談社フライデー事件」のときはね、嫉妬したんだ。おたくから、「お金の匂いがプンプンする」っていうんで、ちょっと嫉妬したんだと思うんですね。

角川《かどかわ》の場合は、お金も追いかけるけど、そうした魔法《まほう》っていうかなあ、霊界《れいかい》というか、超能力《ちょうのうりょく》みたいなもんが大好きでしたからね。その意味では、「お金儲《もう》けができて、超能力」というと、角川も一つのそういう看板なので、幸福の科学も、そのへんの〝魔術《まじゅつ》〟を使いながら金儲けができるというあたりのところは、すごく関心をグーッと引くところがあるけどねえ。

石原慎太郎《いしはらしんたろう》氏が〝霊言《れいげん》〟を出した理由とは

綾織　「お金の匂い」という点で、今、感じているものは何ですか。

見城徹守護霊　今年ね、私のほうも、ベストセラーを考えてるんだけどね。だから、大川隆法なんかを〝おもちゃ〟にして、なんかこう、バーッと大きな、何百万部みたいなのを出せないかなあと。

斎藤　うわあ、これは〝危険〟ですねえ。それを狙っているのですか。

見城徹守護霊　石原慎太郎《いしはらしんたろう》とバトルしてもいいと思うんだよ。「バトルして、向こう（石原慎太郎）が脳溢血《のういっけつ》を起こして倒《たお》れて、そのあと死んだら、霊言《れいげん》も出させる」とかさ。責任上、「石原慎太郎さんが死んだあと、どうですか」みたいな感じの。守護霊じゃなくて、生《なま》の本人の霊言をね。

生前、バトルしていただいて、ウワーッと盛り上がって、パタッと死ぬ。で、その霊言が当然、出るでしょ？　それと併《あわ》せて、ワーッとマーケティングする。どう？
去年の末から、野坂《のさか》（昭如《あきゆき》）さんとかさ、いろいろ出してるじゃない（『野坂昭如の霊言』〔幸福の科学出版刊〕参照）。

斎藤　ええ。

見城徹守護霊　われわれ編集者としては、「あんな面白《おもしろ》いやつを、嘘《うそ》で書けるなら書いてみたいし、本物なら、もっと面白いし……」って、みんな思うよねえ、ほんとに。
それから、高齢《こうれい》の作家たちは、みんな怖《こわ》がってんのよ。

綾織　怖がっているのですか。

見城徹守護霊　「死んだら全部、出されるんだろうな」と思って、みんな怖がってる。

綾織　いや、いや。こちらが出しているわけではなくて、（相手の霊が）来るだけなので（苦笑）。

斎藤　向こうのほうがお越《こ》しになられるんですね、「（自分の霊言を）どうしても出してほしい」と。
「格付け問題」というものがあって、自分の価値を高めたいために、そういう印《いん》籠《ろう》のようなものを欲《ほ》しがって来られるのですけれども。

見城徹守護霊　そらあ、この流れから見りゃあね、私が死んでも、それから石原慎太郎が死んでも、おたくからまた霊言が出るんだろ？

斎藤　いえ、それは分かりません。

見城徹守護霊　そりゃあ、たまんねえからさあ、〝牽制球《けんせいきゅう》〟っていうか、盾《たて》みたいなもんが、なんかちょっとは必要だよな。

まあ、石原さんも、それを感じ取ってるんじゃないかなあ。老《お》いを感じてるからさあ。

「いやあ、霊言なんていうのはフィクションでも書けるんだよ。ノンフィクションと称《しょう》して出せば、フィクションでも書けるんだよ」ということで、自分の霊言が出て、もし恥《は》ずかしいことをしゃべっても、「いや、それはフィクションかもしれない」と、みんなが思ってくれることで、ドロー（引き分け）にしてしまえるんじゃないかと思ってるんじゃないかなあ。

綾織　そういう〝防波堤《てい》〟をつくっているわけですね？

見城徹守護霊　うん……。まあ、そうなんじゃないかなあ。幸福の科学は、作家や出版社を震《ふる》え上がらせる〝最終格付け機関〟？

見城徹守護霊　それに、もう一つ怖いのはさあ、例えば、「石原裕次郎《ゆうじろう》の霊言」って、出てないんじゃない？

斎藤　（約五秒間の沈黙《ちんもく》）（苦笑）まあ……。

綾織　そこは、ちょっと……。

見城徹守護霊　出てないだろう？

斎藤　まあ、そうですねえ。

見城徹守護霊　いや、私は、それについてどうこう言ってるわけじゃないんですよ。まあ、うちからは、慎太郎さんの『弟』っていうのが出てますけど、裕次郎が、ああいう生き方をして死んで、天国へ行っているか、地獄《じごく》へ行っているか、まあ、これについてはねえ、やっぱり言ってほしくないわけよ。例えばね。

斎藤　ああ、逆に言ってほしくないのですね。

見城徹守護霊　そういうのを出されるのは困るわけよ！

斎藤　判定されると困るんですか。

見城徹守護霊　そうなんですよ。だから、作家先生がたもみんな、賞を取ったり、売れたりすれば、名前は上がるね？　それが、（幸福の科学は死後の行き先を）「天国」と「地獄」と分けてくるじゃないの。

斎藤　うーん。

見城徹守護霊　松本清張《まつもとせいちょう》が、作品を書きまくって、あれだけ名前を売って……、まあ、私だって、清張のを読み切るのは大変ですけど、おたくはあれをねえ、あっさりと、バサッと斬《き》ってくるじゃないですか。ねえ？（『地獄の条件──松本清張・霊界の深層海流』〔幸福の科学出版刊〕参照）

ああいう感じでやられたら、出版社はみんな、ある意味では震《ふる》え上がるんですよ。「これからまだ儲かる」と思ってたやつが、全部バサッと斬られたらどうなるかっていう、その怖さは、やっぱり大きいわなあ。

斎藤　うーん。

見城徹守護霊　（幸福の科学は）〝最終格付け機関〟だから、出版界の最高裁みたいにやられたら、それは、ちょっと困るんですよねえ。

大川隆法は、出版界で〝長生き〟するための研究対象

綾織　（幸福の科学の霊言を）すごく信じていらっしゃるわけですね？

見城徹守護霊　やられそうな感じはする。もしさあ、（地上の）見城が、まあ、いつ死ぬか分からないけどね。六十五だから、もう死んじゃうかもしんないけど。例えば、死んで、〝嘘つき地獄〟っていうか何て言うか……、嘘八百《はっぴゃく》を言った人

は無間地獄《むけんじごく》かな？　「無間地獄に行ってのたうち回っとる」というようなことを、もし出されたらさあ、私たちの出版物に全部、バババババッと返本がかかってきてさあ、次には、会社がバタッと潰《つぶ》れるじゃん。

綾織　その点で行くと、守護霊さんが、地上の見城社長を見られて、このまま行くとどうなると思われていますか。どう観察されているのでしょうか。

少し〝危険な仕事〟も、たくさんされているというように伺《うかが》っているのですけれども（苦笑）。

見城徹守護霊　まあ、こう言っちゃ何だけど、私のような感じで、角川みたいなところから独立して、出版社を起こして成功するっていうのは百に一つぐらいですから、普通《ふつう》はね。編集者が独立して出版社をつくって成功するなんて、めったにあることじゃないし。

いや、現にあるやつでも潰れていく時代で、どんどん潰れてますからね。やっぱり、出版不況《ふきょう》の波は、うちにだって直撃《ちょくげき》してるわけでね。「今後、私にインスピレーションが降りなくなって、ヒットしなくなったらどうなるか」っていうことに対して、まあ、私は経営者でもあるわけだからさあ、恐怖《きょうふ》はあるよなあ。

そしたら、無限供給をやってる大川隆法っていう人の研究ってのは、〝長生きしていく〟っていうか、この出版界で長く生き続けるためには、どうしても〝研究対象〟としてあがってくるよねえ。

「いざというときの生き残り戦略」も考えている

綾織　インスピレーションを非常に大事にされていますけれども……。

見城徹守護霊　そらあ、そうだ。

綾織　守護霊さんも、地上の本人にアドバイスされるのでしょうが、あなた以外に、インスピレーションを降ろす存在はいるのですか。あるいは、何からインスピレーションを得ているのでしょうか。

例えば、「ここからお金の匂いがする」とか……。

見城徹守護霊　うーん。

斎藤　要するに、商人とか、企業家《きぎょうか》とか、そういうインスピレーションを降ろす元《もと》の存在ですね。

見城徹守護霊　ああ。何？　もう〝身元調査〟をしてるのね？

斎藤　いや、いや、いや。〝身元調査〟ではないのですが、そういうものもないと、

「ただの編集者」だけでは、それはなかなか難しいなという気もしますね。

見城徹守護霊　〝身元調査〟かあ。

斎藤　最近、「アナザースカイ」という番組を観《み》ていましたら、見城社長は、ハワイに行って、いろいろなマンションやホテルなどにも投資されたり、コールドプレスジュースという、ビタミンが全然なくならない、高圧縮してつくるようなジュースの会社に投資されたりしていました。

そういう、お金に関して、妙《みょう》に……。「本だけだ」と言いながら、ずいぶんいろいろなところに手を広げられているなという感じがします。

見城徹守護霊　いや、それはねえ、いざというときの「生き残り戦略」なんですよ。やっぱり、経営者として社員を路頭《ろとう》に迷わさないために、いろいろと生きていく道がないかどうか調べてるわけですよ。

作家さんの作品によっていろいろ左右されるし、編集者が依頼《いらい》して書いてもらうっていうのもあるけども、なかなかねえ。すでに有名になった人でも、いい作品を書き続けることは難しいし、新しい人を発掘《はっくつ》するには、すごい時間がかかるしねえ。育てなきゃいけないので。

「あるときはパトロン、あるときは表現者」

見城徹守護霊　まあ、人脈《じんみゃく》がいちばんものを言うわけだけどね。どれだけの人と会ってるか。その人を見て何を思うか。（斎藤を指して）あなたを見て、何を思い浮《う》かべるかとか。

斎藤　なるほど。確かに、見城社長の人脈は、すごいですよね。

見城徹守護霊　人脈なんですよ、基本的にね。

斎藤　本をいろいろ読んだり、番組を観たりして研究したのですが、とにかく、人脈は最高峰《さいこうほう》に近いのではないですか。

見城徹守護霊　そうなんですよ。

君ねえ、やっぱりねえ、物書きで、活字になるところで勝負しちゃ駄目《だめ》なんですよ。そんなんじゃないんですよ。もうねえ、「投資」なんですよ。基本的に、作家っていうのは「投資」なんですよ。

売れてないときに、顔を知って、付き合って、その人の将来に対して希望を持たせて、そして、その人が食えない時代に、ちょっとでも食わしてやると、その食えない時代に与《あた》えた十万、三十万、五十万、百万が、十倍、百倍になって返ってくるんですよ。だから、一種の投資業なんですよ。

斎藤　うーん、なるほど。

見城徹守護霊　あなたは、「私が投資をやってる」と言うけど、いや、（編集者も）投資なんですよ。

斎藤　「人的な投資」であり、「未来の投資」ということですか。

見城徹守護霊　売れっ子になったあとだったら、もう遅《おそ》いんですよ。引く手数多《あまた》で、回ってくるのを取るのがそうとう大変なんですけど、売れる前に恩義《おんぎ》を売ってたやつは、なかなか離《はな》れませんので。そういう人を捕《つか》まえとくことが大事で、ある意味で易者《えきしゃ》と一緒《いっしょ》だね、気持ちは。易者みたいに、「うーん。この人は、将来は当たる！」とかいうことが見えるかで……。

斎藤　〝易者的な感覚〟があるのですね。

見城徹守護霊　そうそう、そうそう。その感覚ね。

斎藤　はあ。

見城徹守護霊　だから、それが分からなきゃ駄目なんですよ。それが一つだし、もう一つは、やっぱり、「表現者」としての哲学《てつがく》だね。表現する者に対する哲学、表現者としての可能性を愛するっていう気持ちね。これが大事だね。

斎藤　可能性を愛する。

見城徹守護霊　表現に対する力、表現が何を生み出せるかっていうことを思っている。そういう意味では、クリエーターとしての芸術家の面もあるとは思うんだよね。

斎藤　ええ、ええ。

見城徹守護霊　「それで何が表現できるか。どんな表現がありえるか。今までできていない表現が何を生み出せるか」みたいなところは常に考えてるから。

そういう意味で、「投資家」であると同時に、ピカソのような、絵を描く人みたいな、そうした「表現者」の気持ちもあるね。

あるときはパトロン、あるときは表現者。

「本人が絶対書きたくないことを書かせたら、売れる」

綾織　ご著書で面白いなと思ったのは、「表現者にとって、自分としてはあまり表現したくないものを表現させることが、編集者の仕事なんだ」ということをおっしゃっていたところです。

見城徹守護霊　まあ、そらあ、いちばん書きたくないやつを書かせると、それをほかの人が読むのは、ものすごく面白い。

綾織　うーん。

見城徹守護霊　そらあ、そうですよ。
だから、君の代わりに僕《ぼく》が入って、大川隆法さんに書かせるとしたら、本人が絶対、書きたくないことを書かせる。酒を飲ませてでもいいし、女を抱《だ》かせてでもいいし、何でもいいから、とにかく、それをベロベロベロベロッとしゃべらせてしまって、書かせてしまったら、そりゃあ売れますよ。ミリオンですよお。ええ。

綾織　総裁には、それは効《き》かないのですけれどもね（苦笑）。

見城徹守護霊　いやあ、それをできないところが、やっぱり、まだまだサラリーマンなんだな。経営者になったら、みんながそれやりますよお。

天雲　うーん。

見城徹守護霊　そりゃあ、社員を食わせるためだったらやりますよ、そのくらい。

斎藤　作家本人に、例えば、不得意なことや心の壁《かべ》のようなものがあって突破《とっぱ》できないところを、突破させてしまうわけですか。

見城徹守護霊　うーん、だから……。

斎藤　出させてしまう？　告白させてしまう？

見城徹守護霊　うーん。

私だったら……、まあ、ここは宗教でしょう？　宗教家で有名になって、ベストセラーの本をいっぱい書いてやってる。やっぱり、みんな興味を持って、裏を剝《は》がしてみたいよね？

大川隆法著、『私はいかにして童貞《どうてい》を捨てたか』と。これ、これっ！　これで、百万、ミリオン確実よ。絶対、ミリオンですよ！

斎藤　何かが違うのですけれども（苦笑）。

見城徹守護霊　絶対ミリオンです。これ、絶対買う。会員は全員買うし。

斎藤　そういうのが、「百万部の売り方」なんですね？

見城徹守護霊　ええ。マスコミも読むし。

斎藤　ああ、なるほど。

見城徹守護霊　ほかの人も。絶対、読むよ！　出してみろよぉ。百万売れなかったら、俺《おれ》、首吊《くびつ》ってもいいよ。

斎藤　はあ。何となく「百万部」の意味が……。

見城徹守護霊　分かる？　分かる？

斎藤　少しずつ、何となく、知識的には分かりました（笑）。

見城徹守護霊　だから、本人が絶対に書けないもの。なんぼねえ、「三千両積んでも書かない」というようなやつをねえ、それをねえ、人情《にんじょう》で絡《から》め取って書かせるのよ。

斎藤　若干《じゃっかん》、スクープ的な感じではないですか？

見城徹守護霊　いやねえ、「これを書いてくれれば、当社が、今、倒産《とうさん》寸前だけど、何とか倒産を逃《のが》れる可能性がある。この本が出れば銀行から融資《ゆうし》が出ます」と。社員がみな首吊《くびつ》り用の縄《なわ》をいっぱい用意して、縄の写真を撮《と》って、「これだけ、もう首を吊る縄を用意してあります。来週にはみんなで首吊ります」と。「先生が、これ、『オーケー』と言ってくれたら、銀行から融資が出ることになってるんです。さあ、書いてください」って。

宗教家の、いちばん弱いところはそれね。すがられると、弱いでしょ？　「先生がこれを書いてくれるって言ったら、もう、みんな首を吊らないで済むんです。○○銀行から、融資が下りることになってるんです。『絶対それだと売れるだろうな』ということで、融資が出ます」と。こうやって攻《せ》めてごらんよ。絶対、書くよ。それは人助けだもん。ね？　いいよ。

斎藤・綾織　うーん……。

見城徹守護霊　ねえ。「僕の『童貞』なんか何回でも、そら、下ろしてやるよ」っていうんで、うん。もう、何個でも、フィクション、ノンフィクション、関係なしよ、そんなもん。「いや、代わりに書いてあげてもいいですけど」っていう、こちらがね。だいたいのあらすじを書いてやる。「これで、ちょっと霊言してください」と言って、頼《たの》めばいいわけですから。うん。

分かった？　ミリオンセラーの秘密。

天国に行くのか、地獄《じごく》に行くのかが分からない見城徹氏

綾織　本当に、（見城社長は）天国に行くのか、地獄《じごく》に行くのか、分からないところがありますね。

見城徹守護霊　いや、それ……。

斎藤 （笑）ミリオンとともに、何か、悪いほうに人生を捨てている感じがしますね。

綾織 そうですよ。

見城徹守護霊 いやいや。（綾織を指して）ちょっと目は怖いねえ。君ねえ、なんかねえ、過去世《かこぜ》、僕、見えたよ。君の過去世、今、見えた。

綾織 そうですか。

見城徹守護霊 うん。なんかねえ、大岡越前《おおおかえちぜん》だ。

綾織　はあ。そんな立派な人でしょうかねえ。

見城徹守護霊　そうでなかったら、遠山《とおやま》の金《きん》さん。

綾織　ああ（笑）。

見城徹守護霊　まあ、そのあたりかなあ。

斎藤　まあ、「当会が閻魔様《えんまさま》的に見える」ということですかね。

見城徹守護霊　うん。そんな目に見える。この目が、そう見えた。

斎藤　ああ、この目が見えた。そうですか。

見城徹守護霊　うん。

綾織　なるほど。

斎藤　願わくば、（見城社長の）〝良い未来〟に期待します。

6　見城徹氏の「勝負哲学《てつがく》」とは

「ミリオンセラーのつくり方」とは？

見城徹守護霊　君たちの発想にない、ミリオンのつくり方のヒントだけ教えてやったのよ。

斎藤　今、ヒントとして、「人脈的なもの」もありましたし、表現の哲学《てつがく》ということで、「可能性を愛する」ということもありましたし、「絶対に書かないようなところに突《つ》っ込《こ》んでいって、スクープ的に書かせる」という、この三つぐらいがあったのですが、「それだけで百万、行くのかなあ」というと、何となく、それでは週刊誌的な域を超《こ》えない気もするのです。もう少し、本当は何かあるのではないですか。

見城徹守護霊　やっぱり、でもねえ、〝危険な線〟を狙《ねら》わなきゃ駄目《だめ》だね。

斎藤　危険な線を狙う？

見城徹守護霊　だから、「イスラム国」に潜入《せんにゅう》して、殺されたジャーナリストとかがいるけどさ、あの心境だよな。やっぱり、殺されるかもしれないけども、もしかしたらスクープが取れて、ものすごいピューリッツァー賞みたいな感じのね。そんなふうなのに値《あたい》するような、「何か取れるかもしれない」みたいな気持ちがあって、行ってるでしょ？　まあ、そういう危険性は、やっぱり、いつも持ってなきゃいけないんじゃないか？

例えば、（幻冬舎《げんとうしゃ》が）文庫本の全面広告を打ったときだって、豊乳《ほうにゅう》女優を脱《ぬ》がせて、頭を坊主《ぼうず》にさせて、おっぱいのところを文庫本で隠《かく》してみたいな、あってはならないような衝撃《しょうげき》の広告を打って、やっぱり、ガーッと目を引くみたいなことをやりましたですけど。だから、普通《ふつう》なら、「これは危《あぶ》ない」と思うようなことをやらないと。

斎藤　うーん。

見城徹守護霊　その「危なさ」のところに、人は「うわ、うわ、うわっ」と見る。今の映画で言うと、ワールドトレードセンターの間に、ね？　綱《つな》を張って、こう（両手でバランス棒を持つしぐさをしながら）、ロープを張って、歩くなんていう、「ザ・ウォーク」（二〇一六年一月、日本公開のアメリカ映画）があるでしょ？　あ　あいうところに、人は、「うわ、うわ、うわっ」と見るわけよ。

そういうね、ただ単に広告を打って、注意を引くだけじゃ駄目で、そうした怖《こわ》さをねえ……、やっぱり〝ホラー〟ですよ。広告はホラーなんですよ、ある種の。

斎藤　ホラー感覚ですか。

見城徹守護霊　うん。ホラー感覚で、人の注目を集めないとなあ。

斎藤　なるほど。ホラーで、びっくりさせるような感じですね。

〝パトリオットミサイル〟を撃《う》たれれば「大出版社」になる？

見城徹守護霊　だからね、これでね？（『天才』の新聞広告を開きながら）新聞で、あなた、こうした広告を打ったらね。「石原慎太郎《いしはらしんたろう》が田中角栄《たなかかくえい》に成り代わって書いた衝撃《しょうげき》の霊言《れいげん》！」って書いたらね、これ、みんな知ってるんだよ。「幸福の科学が、これで黙《だま》ってるだろうか、どうするだろうか」って、やっぱり、世の中、新聞社のほうは当然知ってる。知ってて、人柄《ひとがら》が悪いから、みんなね。

だから、そらあ、「どうしてくるかな？　何か、面白《おもしろ》いことをやるんじゃないか」と思って、人の悪いやつはそのへんまで、当然、予想はしてる。「幻冬舎が仕掛《しか》けてきたぞ」というようなことで、「これは、もしかしたら、出版界のサバイバル戦争なのかもしれない」と思ってね。もう、みんな潰《つぶ》れるので、潰れる前に食い合う。お互い食い合う。

「幻冬舎が幸福の科学出版を食うか、幸福の科学出版が幻冬舎を食うか。どっちが生き残るか」みたいなのだったら、面白いじゃないですか。（体を乗り出しながら）こうなってくるじゃないですか。ね？　まあ、そういうふうに、たぶん取ってると思う。絶対。

斎藤　うーん。

見城徹守護霊　幸福の科学がねえ、やっぱり、〝パトリオットミサイル〟を撃《う》たないわけがないじゃないですか、こんなの。新潮社《しんちょうしゃ》だとか、文春《ぶんしゅん》にやって、講談社にやったのを見たら、絶対、撃ってくる。

〝パトリオット〟を撃たれると、幻冬舎の広告になるんですよ、それが。うちがとうとう大出版社になるわけ。〝キワモノ出版社〟から大出版社へ、講談社や角川《かどかわ》書店を越《こ》えて、「とうとう、大川隆法がターゲットにする大出版社になった」と思って。

私は、広告代としては、たぶん、〝五十億円〟には相当すると見てるんですよ。

斎藤　うーん。

見城社長は「自分の守護霊霊言《れいげん》」を出してほしかった？

天雲　そうすると、見城社長は、「自分の守護霊霊言《れいげん》を出してほしかった」ということですか。

見城徹守護霊　いや、どっちでもいいんですよ。石原（慎太郎）を攻撃《こうげき》するか、私のほうに来るか、どっちに来るか。あるいは、田中角栄のほうか、ちょっとそれは分からないな。どういう手を打つかも見てみたいし、まあ、どんなことがあっても、こちらはもともと、塀《へい》の上を歩いてるので。塀の内側に落ちたら刑務所《けいむしょ》、外側に落ちたら交通事故。まあ、どっちみち、落ちたらまともではいられないところを歩いてますから。

いやあ、何でもいいんですよ、どんな反応が来るかは。

斎藤　「塀の上を歩く哲学」ですね。

見城徹守護霊　そうですよ。

斎藤　どうなんですか。まあ、まさに、「ザ・ウォーク」の映画ですね。

見城徹守護霊　いや、田中角栄と一緒《いっしょ》ですよ。田中角栄も、塀の上をずっと歩いてた人ですから。

斎藤　ああ。

見城徹守護霊　いつも、犯罪になるかどうかのスレスレで総理大臣になった人ですから。

斎藤　博打《ばくち》みたいですね。

見城徹守護霊　まあ、それ、博打ですよ、人生。人生、博打。

斎藤　人生、博打？

見城徹守護霊　「人生、博打」ですよ。そら、そうですよ。

斎藤　ほおお。

見城徹守護霊　うん。パスカルもそんなこと言ってなかったかなあ（注。「『神は実在しない』と賭《か》けた場合、実在しなかったら何も起きないが、もし実在したら、死後、永遠の業火《ごうか》に焼かれる。『神は実在する』と賭けた場合、実在しなかったとしても失うものはなく、実在した場合は天国に行ける。ゆえに『実在する』に賭けたほうがよい」という「パスカルの賭け」のこと）。

斎藤　確かに、「博打だ」というようなことを言っていました。

見城徹守護霊　なあ、言ったよな。博打ですよ。うん。博打なんですよ、人生は。

「潰《つぶ》れるギリギリまでやらないと駄目《だめ》」

綾織　とはいえ、これだけミリオンを出している以上、やっぱり、「人の心をつかんでいる」と思うのですが。

見城徹守護霊　ミリオン出してるけどさあ、うちの財務諸表を見てるわけじゃないだろ？　だからさ、そのミリオンが、どのくらいの財務になってるかは分からないでしょ。な？

斎藤　確かに、一回、正体不明のファンドに、三分の一の株を押《お》さえられたことがありましたよね。

見城徹守護霊　それ、なんか、細《こま》かいこと言ってるな。

斎藤　いやいや（笑）。それで、「ヤバい」と言って、「ずっと寝《ね》られなかった」と。

見城徹守護霊　（舌を出すしぐさをする）

斎藤　「徹夜《てつや》をずっと続けていて、憔悴《しょうすい》していた」というのを告白されていましたね。

見城徹守護霊　まあ、最初の全面広告を打ったときも、ほんと、もう、「全資本を投入して、失敗したら、それでパーになる」っていう博打ではありましたですけどね。でも、人脈が生きてくれて、みんないい本を書いてくれたんで、売れましたですけどねえ。

まあ、そういうギリギリなんだよ。君たちねえ、やっぱりねえ、潰《つぶ》れるギリギリまでやらないと駄目《だめ》だよ、やっぱり。足りてないね。

だからねえ、「見城徹の守護霊霊言」っていったら、やっぱり、これに広告代をねえ、もう、教団が潰れるぐらいかけるんですよ。そうするとねえ、みんなが「うわーっ」となってねえ、マーケットがグワーッと大きくなるんですよ。

斎藤　博打的なマネジメントですね（笑）。

綾織　それくらい、一つひとつ、リスクを取っていくということですね。

見城徹守護霊　まあ、そうですよ。経営者っていうのは真剣勝負《しんけんしょうぶ》で、リスクの上を歩いているようなもんですから。

目指すのは「木下藤吉郎《きのしたとうきちろう》のような努力」

斎藤　一つだけ参考にしたいのですが、ちょうど、質問者の綾織のほうから、「人を惹《ひ》きつける魅力《みりょく》があるか、ないか」という話もありました。ご発言のなかで、一点、ずっと言っておられるのは、「圧倒《あっとう》的努力」という言葉で、それがものすごくしつこく出てくるんですね。

見城徹守護霊　うん、うん。

斎藤　「迫力《はくりょく》のある努力」ではないですが、本当に、もう、「努力の努力を超えた、ど迫力な努力だ」というようなことをおっしゃっています。

見城徹守護霊　そら、そうですよ。

斎藤　そのあたりは、いかがですか。

見城徹守護霊　それはねえ、もうほんとに、木下藤吉郎《きのしたとうきちろう》（豊臣秀吉《とよとみひでよし》）がねえ、草履《ぞうり》取りをしてたころからやったような、ああいう努力ですよ。やっぱり、冬の日にねえ、「御屋形様《おやかたさま》が起きて便所に行くとき、寒かったら大変だろう」と思って、草履を懐《ふところ》に入れて温めてっていう、ね？　ああいう気配《きくば》りだね、大事なことは。

（斎藤を指して）君はねえ、大川隆法総裁に本を書いてもらうために、どんなふうに頼《たの》んだ経験がありますか。ええ？　それで本一冊、書けますか？

斎藤　総裁は、この三十年、ただの一度も原稿《げんこう》の催促《さいそく》は「ゼロ」です。

見城徹守護霊　そうでしょ？

斎藤　気がついたら、もう、原稿は出てきています。

見城徹守護霊　だからねえ、みんな、できなくなってるんですよ。編集者として駄目になるんですよ。書けないやつを書かせるところまで行かなければ、やっぱり努力にならないわけよねえ。

だから、その「圧倒的な努力」っていうのも、結局ねえ、普通、「不可能」と思われるところまで踏《ふ》み込めなきゃいけないんですよねえ。

だから、あれでしょう。手塚治虫《てづかおさむ》だって、アニメを描くとき、もう、大変なことになっちゃってね。マンガの連載《れんさい》等、いっぱいやってるしね。もう、「トイレの窓から逃《に》げ出した」っていうんでしょ？　まあ、そのくらいまで追い詰《つ》めなきゃ、やっぱり、そういう売れっ子は押さえられないですよねえ。

「そこまで、まだ、催促したことがない」ということは、大川隆法は、まだねえ、〝油田《ゆでん》がある〟っていうことなんですよ、これは。だからねえ、掘《ほ》ってみれば、まだねえ、テキサスに油田はあるんですよ。だから、まだ君たちはその油田を掘ってないんです。まだ出るところがあるんですよ。たぶん、持ってるんです。やっぱりねえ、ここを全部、吸い取らなきゃ駄目なんですよ、ギリギリ出るまで。

幸福の科学で「速読の会」をつくればいい？

斎藤　しかし、大川総裁は、もう、二千冊の本を出されているんです。これは日本人として、今、マックスですよね。

見城徹守護霊　だから、それは、これに勝つにはねえ、あとね、「速読術」を広めるしかないですよ。

斎藤　読む人のほうを鍛《きた》えるんですか（笑）。

見城徹守護霊　一般《いっぱん》ピープルにね、「いかにして速く本を読むべきか」というね、そういう速読術。同時にそっちを並行《へいこう》しなきゃ駄目なんです。本を出すと同時に速読術を。

斎藤　なるほど。

見城徹守護霊　な？　「いかにして速く本を読むべきか」。

斎藤　速読マーケットを広めるわけですね。

見城徹守護霊　うん。それやらないとね。「一日、十冊読もう」というような感じの、国民的キャンペーンを同時にやるんですよ。そしたらもっと出せる。

斎藤　日本国を引き上げていく力になるかもしれませんね。

見城徹守護霊　君たちの会員も、本を読む速度が遅《おそ》いために、本をさばき切れないでいるんじゃないか？　だから、「速読の会」を同時にやるんじゃないか。

斎藤　（笑）

見城徹守護霊　だから、君たちねえ、「障害児のため」だとか、そういうねえ、なんか、「目が見えない子のため」とか、「不登校児のため」とか、いろいろやってるんだろう？　スクールとか（注。幸福の科学では、障害児支援《しえん》の「ユー・アー・エンゼル！運動」、不登校児支援スクール「ネバー・マインド」などの活動をしている）。
あとね、「速読の会」をやりなさいよ。そして、テキストはもちろん、幸福の科学出版で出した本ですよ。「これを、一週間で○冊読んでみよう」っていうので、「速読会」やって。それで読み終わったやつに判子《はんこ》だけ押したらいい。パパッと。これをやったらねえ、もっと消化できるよ。おたくの社長にちゃんと言っとけよ、それ。

斎藤　分かりました。出版の社長に、申し伝えておきます。

見城徹守護霊　うん。「速読の会」をね、やっぱりねえ、それを、ＮＰＯでやるべきですよ。で、国民的啓蒙《けいもう》運動にしていくんですよ。

斎藤　確かに、大川隆法総裁は、一年間（二〇一四年）に外売り書籍《しょせき》だけで百六十一冊ほど書き下ろしをされているので、おそらく、日本人だけではなく、全世界でここまでのスピードの方はいらっしゃらないかと思います。

見城徹守護霊　だから、これに対応する「速読の会」をつくらなきゃ駄目なんで。それで、「全部読んでなかったら、地獄《じごく》に堕《お》ちる」っていうんで。「一年に出た本を、一年で読み切らなかった人は地獄に堕ちる」というキャンペーンを張るんですよ、編集部は。

斎藤　（苦笑）やはり、見城社長は……。

見城徹守護霊　天才だからね。発想が君（斎藤）と一緒じゃないんだ。

斎藤　すみません（笑）。

見城徹守護霊　うん。

斎藤　とてもではないですが、そのようには、ちょっと思えないですね。

郵便はがき

料金受取人払郵便

赤坂局
承認

8228

差出有効期間
平成29年11月
30日まで
(切手不要)

1 0 7 - 8 7 9 0

112

東京都港区赤坂2丁目10−14
幸福の科学出版(株)
愛読者アンケート係 行

ご購読ありがとうございました。
お手数ですが、今回ご購読いただいた書籍名をご記入ください。

書籍名

フリガナ お名前	男・女	歳
ご住所 〒 都道府県		
お電話( ) −		
e-mail アドレス		
ご職業 ①会社員 ②会社役員 ③経営者 ④公務員 ⑤教員・研究者 ⑥自営業 ⑦主婦 ⑧学生 ⑨パート・アルバイト ⑩他( )		
今後、弊社の新刊案内などをお送りしてもよろしいですか? (はい・いいえ)		

愛読者プレゼント☆アンケート

ご購読ありがとうございました。今後の参考とさせていただきますので、下記の質問にお答えください。抽選で幸福の科学出版の書籍・雑誌をプレゼント致します。(発表は発送をもってかえさせていただきます)

1 本書をどのようにお知りになりましたか?

①新聞広告を見て [新聞名:]
②ネット広告を見て [ウェブサイト名:]
③書店で見て　④ネット書店で見て　⑤幸福の科学出版のウェブサイト
⑥人に勧められて　⑦幸福の科学の小冊子　⑧月刊「ザ・リバティ」
⑨月刊「アー・ユー・ハッピー?」　⑩ラジオ番組「天使のモーニングコール」
⑪その他 ( )

2 本書をお読みになったご感想をお書きください。

3 今後読みたいテーマなどがありましたら、お書きください。

ご感想を匿名にて広告等に掲載させていただくことがございます。ご記入いただきました個人情報については、同意なく他の目的で使用することはございません。

ご協力ありがとうございました。

7　見城徹流「ヒットの法則」

多くの人の心をつかむ「見城マジック」の秘密

綾織　私たちもまねできる、幻冬舎《げんとうしゃ》の「見城マジック」というのを、ちょっと知りたいなと思うんですけれども、ある程度、正統派の部分で。

何だかんだ言っても、幻冬舎の本が「人の心をつかんでる」のは間違《まちが》いないと思うんですよね。

見城徹守護霊　うん。

綾織　やはり、感動があって、これだけたくさん売れていると思います。

見城徹守護霊　うーん、「感動」かなあー?

綾織　ご自身では、人の心をつかむ部分というのは何だと思いますか。

見城徹守護霊　いや、でもねえ、やっぱりねえ、広告が七割を超《こ》えてるね。

綾織　ああ、そうですか。

見城徹守護霊　うん。「広告の打ち方」と「題のつけ方」、それから「宣伝の仕方」、このあたりが君たちはまだ足りてないね、見ててね。やっぱり、全然駄目《だめ》だなと思うことあるけど。

斎藤　ご指南《しなん》、ご教示賜《たまわ》れればと存じますけれども。

見城徹守護霊　（新聞の『天才』の広告を見せながら）こういう挑発《ちょうはつ》的なものを入れるわけよ。

綾織　あっ、挑発的なものですか。

見城徹守護霊　うん。それで、田中角栄《たなかかくえい》の写真はいろいろあるけど、こんな、ハサミで髭《ひげ》を切ってるような写真を入れるでしょう？

斎藤　（笑）確かに！

2016 年 1 月 23 日付の日経新聞の広告を見せながら語る。

見城徹守護霊　こういう写真は出ない。出ないですよね？

斎藤　（笑）そう言われてみると、確かに変わった写真ですよね。

見城徹守護霊　ええ。君らだったら、ここを、こうやって（右手を大きく挙げながら）、「おおっ」ってやってる角栄さんの写真を載《の》せるでしょう？

斎藤　これですねえ。ええ。

見城徹守護霊　これは、ハサミで髭を刈《か》ってると。こんな写真をわざわざ使う。こんなんだって、そのアイデアは活《い》きてるわけですよ。

「これを載せるか？」っていう。（タイトルを）「天才」とつけて、ハサミで髭を剃《そ》ってる。これは、性格の卑《いや》しさを表してるでしょ？「天才」と言いつつ「卑しさ」を表している。このへんの矛盾《むじゅん》がちゃんとあるでしょ。（広告のコピーを読んで）「幼い頃《ころ》から身につけた　金銭感覚と　類稀《たぐいまれ》なる人間通を武器に　総理にまで伸《の》し上がった男の　知られざる素顔《すがお》」とかね。

実は、このなかに幾《いく》つか〝仕掛《しか》け〟が入ってるんですよ。読まざるをえないように、いろいろなところに出してるんですよ。

例えば、「アンチ田中」に対しても読ませるし、「田中を恋《こい》しがってる人」にも読ませるし、「今の政治に関心があって、不満がある人」にも読ませるし、「宗教マーケットの人」にも読ませようとしてるし、「宗教と喧嘩《けんか》でもさせて、マーケットが大きくならないかと狙《ねら》ってる連中」あたりにも読ませる。いろいろな仕掛けがこのなかに入ってるわけですよ。

だから、広告代の使い方が、君たちと若干《じゃっかん》違うんだな。そのなかに〝仕掛け〟がもうちょっとあるわけで。

うちから広告取ったら、本はほとんど売れないと思いますね。やっぱり、広告の部分が圧倒的《あっとう》に、他社の広告とつくり方が全然違うんですよ。
それはねえ、やっぱりセンスの違いですねえ。

「常に挑戦的《ちょうせん》であれ！」

見城徹守護霊　だから、常に挑戦的《ちょうせん》でなきゃいけないんですよ。挑戦的に。君たちでもねえ、気をつけないとすぐ保守に入りますよ。「生き延びられればいい」という思いになれば、保守に入って、当たり前の広告を打つようになりますが、常にチャレンジングでなきゃいけない。
熱狂《ねっきょう》してなきゃいけないんです。〝病《やま》いにかかった編集者〟のような感じで、迫《せま》らなければいけないんですよねえ。

綾織　「顰蹙《ひんしゅく》」という言葉を使われていますが、「挑戦」というわけですね。

見城徹守護霊　挑戦なんですよ、挑戦なんですよ。『田中角栄の青春』（栗原直樹《くりはらなおき》著）（のタイトル）、ぜーんぜん、こんなの平凡《へいぼん》、平凡、平凡。全然駄目。『編集者という病い』、これを言ったら、やっぱり、編集関係の人はみんな読みたくなる。編集関係の人がみんな読みたくなると、「何か書きたくなる」ということで、マスコミで話題になるのを狙って出してる。これは私の名前を上げて、上げることによって、いろいろな作家にアクセスしやすくするために出してるわけで。

やっぱり、いろいろなことを考えながらやらなきゃ駄目だね。（前掲《ぜんけい》『たった一人の熱狂』の表紙を見せながら）だから、わざわざね、出したくもないような、こんな顔も出す。ね？　だけども、『たった一人の熱狂』、こんな狂《くる》ったみたいな本を出す。

（斎藤に）あんたも出しなさいよおー。あんたねえ、たぶん、黒タイツか何かを穿《は》いて、プロレスやって、空手チョップをやってるシーン、悪役の綾織相手に空手チョップで倒してるようなシーンを、『編集者という熱狂、たった一人の熱狂』とかって、編集長で出たら売れるよ。

綾織　悪役ですか（苦笑）。

斎藤　でも、即《そく》絶版になると思いますが……（笑）（会場笑）。

見城徹守護霊　いやあ（笑）、そんなことないんじゃないかなあ。やっぱり、それは「胆力《たんりょく》」だよ。それを乗り切る胆力。

斎藤　胆力ですか。確かに、「胆力」という意味では、見城社長はすごいですね。

見城徹守護霊　「幸福の科学出版は、かく戦えり」っていうのをやらなきゃいけないよね。おたくの（出版の）社長でもいいわな。

斎藤　批判が来たときは、どう感じますか？　「批判」をマーケットが大きくなる機会と捉《とら》える

見城徹守護霊　喜ばなきゃいけない。

斎藤　えっ⁉

見城徹守護霊　喜ぶ。批判が来たら喜ぶんですよ。

斎藤　どんなふうに喜ぶんですか。

見城徹守護霊　「ファンがついた」と見るわけですよ。

斎藤　批判が即ファンに変わってくるのですか。

見城徹守護霊　ファンがついたと見なければ。

斎藤　それは、どういう心境ですか。

見城徹守護霊　いやいや、それはお礼ですよ。「ありがとうございます、批判していただいて。もっともっと批判して回って、みんなに知らせてください、この本があることを」ってね。「こんな危険な本が世の中にある」ということを知らせていただければ、どれほど危険か、みんなが読みたくなって、この危険を乗り越《こ》えるためにどうしなきゃいけないか、みんなが考えるようになって、マーケットが大きくなるから。

斎藤　はあーっ。

見城徹守護霊　ええ。それは批判はありがたいです。無視されるのがいちばんつらいですね。

斎藤　あっ、無視されるのがいちばんつらいのですか。

見城徹守護霊　うん、うん。「無視」がいちばんきつい。だから、「無視」よりは「批判」がずっと上です。

「キャッチーな発言」を生み出す秘訣《ひけつ》

大川真輝　（聴聞者《ちょうもんしゃ》席から）今回の守護霊霊言も、きっと本になると思うのですが、どのような広告を打てば売れますでしょうか。例えば、見城社長のどんな写真を使うとか……。

見城徹守護霊　うーん。やっぱり、「天才と天才の激闘《げきとう》！」とか、なんかそんな感じ……、がいいんじゃないですか。

斎藤　（笑）「天才」で来ているからですね。

見城徹守護霊　「三大天才の激突《げきとつ》！」とか……、「三大怪獣《かいじゅう》の激突」がなんかあっただろ、昔ねえ。「ゴジラ 対 キングギドラ 対 モスラ」みたいなのあったよ。

大川真輝　（笑）

斎藤　「三大怪獣の激突」ですか（笑）。東宝《とうほう》みたいになってしまいますよ。

見城徹守護霊　「三大天才の激突！」なんていう感じでやるといいんじゃないですか？　うーん、いけると思いますねえ。

天雲　見城社長からは、そういう名台詞《ぜりふ》がどんどん飛び出してくるのですけれども、以前、『憂鬱《ゆううつ》でなければ、仕事じゃない』（見城徹、藤田晋《ふじたすすむ》共著）という本も出されていました。

見城徹守護霊　うーん、いいねえ。

天雲　そのまま本のタイトルになるような「キャッチーな発言」というのは、いつ生まれてくるのですか。

見城徹守護霊　そうなんですよ。そうなんだ。まあ、それはね、もう二十四時間三百六十五日、仕事してる者の特有のものだからね。そういう人は分かるけれども。お互《たが》い……、あんたも編集か？　編集の人なんだろう？　だからね、「結婚《けっこん》したくなるようじゃ、編集部じゃない」と、こういうキャッチを出しとくわけよ。そうすると、みんなねえ、夜中まで働くようになるから。

天雲　ああ、分かりました（笑）。

見城徹守護霊　（笑）うん。結婚したくなるようじゃ、編集部じゃないと思うんだ。

天雲　それが秘訣《ひけつ》ですね。

見城徹守護霊　そんな感じね。

まあ、とにかく、人を巻き込《こ》んで、熱意のなかにグワーッと働かせて、残業手当《てあて》は払《はら》わないで働かせるだけの熱意をまぶさなきゃいけない、パーッとね。このへんが大事です。

でも、表現者としては、基本的にはインプット量と比例はしますね。だから、「どれだけ多くの雑読《ざつどく》と、真《ま》っ当《とう》な本の精読《せいどく》とを繰《く》り返しているか」ということが、そうした情報量になりますので。常日ごろ、いろいろな情報にどうやって接しているかによって、そのなかから千分の一ぐらいがインスピレーションになって出てくるわけですね。

やっぱり、十集めて十は絶対に出ないですね。だから、本の題名だって、「出せ」と言ったら、一冊の本に対して、題名が百ぐらい、みんな編集部員から……。

この対談（本霊言）があるじゃないですか。対談が出て、もとの題は、「幻冬舎社長　見城徹の守護霊霊言『成功しなきゃ、仕事じゃない!!』」って書いてある。こういうのは、もとの題として出てるけれども、編集部員が何人いるか知らんが、まあ、何十人か抱《かか》えてるんでしょう?

斎藤　はい。

見城徹守護霊　だから、全員にね、「それぞれに違う題をつけてみよ」って言って、題を百ぐらいパーンと出させて、そのなかから最も危険で、最もホットなやつを選ぶ。続いて、キャッチコピーも、最も危険性の高いやつを選んでいく。

綾織　危険性ですか。

見城徹守護霊　うーん、そう、そう、そう、そう。

斎藤　危険とか、リスクとか、事件とか、顰蹙《ひんしゅく》とか、博打《ばくち》とか、そういう語感のほうに行くんですね。

見城徹守護霊　いや、興奮するんだよ。人は興奮するんですよ。

綾織　ああー、なるほど。

見城徹守護霊　ええ。それは興奮するんですよ。

だから、ＮＨＫみたいな宣伝の仕方をしちゃ駄目ですよ。それはね、間違ってますよ。もう発展の余地がないものですから。やっぱり、チャレンジャーはね、興奮させなきゃ駄目なんです。

斎藤　確かに、学ぶべきところはありますね。

「これだけはやめましょう」が「当たり」

見城徹守護霊　君たちも妙《みょう》にねえ、何て言うか、ＮＨＫや朝日新聞みたいなところがあるからさ。まだ、そんなふうになっちゃいけないんだと思うんですよ。

まあ、「角川《かどかわ》社長が〝角川神社〟の宮司《ぐうじ》でもあって、教祖《きょうそ》でもあった」みたいなのがあるけど、大川総裁のほうがまともですよね。だから、もうちょっと狂ってもいいと思うんですよ。もうちょっと狂わないと、宗教家らしくないじゃないすか。

斎藤　（苦笑）

見城徹守護霊　まともすぎるよ。スーツが似合うしさあ、言ってることは、なんかまともだしさ。ねえ？　東大法学部なんて全然面白《おもしろ》くないよね。東大より、もっと大きな大学はあるよ。日本大学とか、東洋大学とか、もっと大きい大学があるんだから。国連大学とかいっぱいあるんだからさ。なんか全然面白くないよねえ、こういうマーケティングは。

斎藤　見城社長からは、面白さとか、諧謔《かいぎゃく》とか、そういう粋《いき》な感じもします。

見城徹守護霊　とにかく、四方八方《しほうはっぽう》・東西南北《とうざいなんぼく》から考えると同時に、上からも下からも、あらゆる方角からものを考えることは必要で。

君、今言ったように編集部員を鍛《きた》えたかったらね、「このテーマで、考えつくかぎり、出してみろよ」みたいな感じのをやって、バーッと貼《は》ってきて、「どれが面白い？」って言ってねえ、みんなが、「これがいい」って言ったやつを外《はず》していくんだよ（会場笑）。

斎藤　（笑）逆ですね。

見城徹守護霊　それから順番に外していって、「これだけは、これだけはやめましょう」っていうやつを、「よし、じゃあ、これで行こうか」ってやるんだよ。これが奇抜《きばつ》なんだよ。

斎藤　ええー、そうですか。

見城徹守護霊　これが天才なんだよ。

「これだけは、これだけはやめときましょう、編集長。これは、クビになりますよ」っていうやつが当たりなんだよ。

斎藤　なるほど。これが、見城徹流のヒットの法則の一つですか。

見城徹守護霊　うん。

まあ、社員は大変だよ。いつ会社が潰《つぶ》れるか分からない危険の上を歩いてるわけで。（バランス棒を持って綱渡《つなわた》りをするしぐさをしながら）〝ザ・ウォーク〟は、社員も一緒《いっしょ》にやってるわけだから、いつ落ちるか分かんない。

だけど、そのなかで鍛えられて、独立していっても、食っていけるだけの力が身につくから、責任は果たしてるわけよ。普通《ふつう》の出版社に入りゃあ、楽勝ですよ。簡単に食っていける。

角川《かどかわ》書店を退社・独立した〝裏の理由〟

斎藤　見城社長は一九九三年に幻冬舎をおつくりになりました。社名は五木寛之《いつきひろゆき》さんが命名されたというエピソードもあります。

見城徹守護霊　うん、うん。

斎藤　そのとき、角川《かどかわ》の次男の歴彦《つぐひこ》社長が、見城社長を引き止められたというエピソードもございます。

歴彦社長が、「君はどうしても必要だから、そのまま角川に残ってくれ」と言ったのを、あえてバシッと手を切って、退社・独立されたわけですが、それは何か意図があったのですか。角川で、そのパターンで大きくしていくこともできたのではないですか。

見城徹守護霊　表向きはね、役員会で、（長男の）春樹《はるき》社長の解任に対して、「賛成か、反対か」をやりましたから、私も「賛成」に投じた以上、責任があると思って辞《や》めました。まあ、辞めたのは私一人ですからね。あとの人は辞めませんでしたから、サラリーマンになってたんでしょ。

だから、「〝殉死《じゅんし》〟するつもりで、責任を取って辞めた」ということが、表向きの理由です。

でも、裏では、編集者としての自分の力量に、ある意味での自信は持ってたんでね。

熟練編集者の力なくして出版社は成り立たない

見城徹守護霊　だから、やっぱり、角川の名前だけで作家が書いてくれてるわけじゃないっていうかなあ。

先ほど言ったように、編集者の仕事っていうのは、酒の仕込みとよく似てるんですよ。水と糀《こうじ》あたりから始めて、発酵《はっこう》させていって、だんだん酒にしていくような感じのね。そういう発酵を伴《ともな》って、だんだん本物になってくる。寝《ね》かす時期もあってね。そういうものなので、編集者の力っていうのはそうとう大きいんですよ。だから、熟練編集者の力なくして、マネジメントだけで出版社が成り立つと思ったら大間違いなんですよね。

そのへんでの、何て言うか、自分の力量っていうのは、ある程度は分かってたし、ある程度独立したら、作家もついてきてくれるだろうなって。〝ご祝儀《しゅうぎ》〟で、多少書いてくれる人もついてくるだろうなっていうことぐらいは思ってた。まあ、でも、最初は数人ぐらいですけど。社員でついてきてくれた人は数人いたぐらいで、貧乏社屋《びんぼうしゃおく》から始めてますけどね。

どの道に進むかは「人間の生き方の美学」の問題

見城徹守護霊　ただ、成功して、うまくいきましたが……、うーん、まあ、これは微妙《びみょう》な内部的な問題なんで。やっぱり、「角川春樹と角川歴彦の対立」があったんですよ。

春樹さんのほうはアブノーマルですよ、はっきり言えばね。「狂気の世界」に生きてましたよ。あれでよく、有名な辞書を出してるような出版社の社長が務まるなと思うような、変わったことをいつもやられる方でしたわね。弟さんのほうはまともな方で。

でも、〝異母兄弟《いぼきょうだい》〟と言われるような、ちょっと難しい関係がありましたんでね。だから、「主君二人に仕《つか》えるのは、なかなか難しい」というところもあったのかな。

弟さんのほうはオーソドックスな方で、早稲田《わせだ》も出て、まともな経営ができる方だったんで、（角川に）残った方は正解なんだろうとは思うし、経営も安定したんではないかとは思うんですけど、私としては、やっぱり、そのアブノーマルのほうを持ってたんだよね。〝遺伝子的〟に持ってはいたんで、やっぱり、ちょっと暴《あば》れてみたい気持ちがあったっていうことかなあ。

春樹さんは犯罪にも手を染めたので、見放した人もいるし、収監《しゅうかん》もされましたけど、戻《もど》ってきても、また、ハルキ文庫とかをやったり、いろいろしておるように、「人間としての面白さ」にファンがいることはいるんで、そういう「人間の生き方の美学」の問題かな。

まあ、私は、どうせ、「熱狂」でなけりゃ「発狂」だろうとは思ってるんですが。「熱狂者」か「発狂者」か、どっちかだと思うけども、宗教的にもう一段押《お》せば、たぶん、これは「殉教者《じゅんきょうしゃ》」まで行くでしょうね。殉教まで。

（斎藤に）君はまだ、熱狂も発狂も殉教もしてないんじゃない、まだ。だから、このへんがねえ、まだまだ甘《あま》いんじゃないかな。甘やかされてる感じはするなあ。

（天雲に）あなたなんかも、編集長だったらねえ、女性の編集部員に対して、「生《しょう》涯《がい》結婚できると思うなよ」っていうような、そのくらいの脅《おど》しをかけてやらなきゃいけない。

天雲　（笑）脅しですか。

見城徹守護霊　「もう、結婚できないぐらいまで働きまくれ」「まだ結婚できそうな余裕《よゆう》があるんだったら、それは仕事が足りとらん」「もうちょっと、油田から油を抜く方法を考えよ」ということだね。

まだまだ足りないんじゃないか。やっぱり、大川総裁がノビるところまで突きつけろと。「先生、年間百六十一冊なんて、そんなんじゃ足りませんよ。とてもじゃないけど足りない」っていうぐらい言わないといけない。

（斎藤と綾織が資料を見ながらやり取りしている姿を見て）うん。何？　悪いことの相談したの？

斎藤　いえいえいえ（笑）。

天雲　（笑）

幻冬舎《げんとうしゃ》から出せば「ザ・リバティ」は十倍売れる？

綾織　今日のお話は本当に楽しく……。

見城徹守護霊　参考になるでしょ？　売れ行きがどんどん落ちてる「ザ・リバティ」としては、非常に参考になるでしょ？

綾織　そうですね（苦笑）。ありがとうございます。

見城徹守護霊　うちだったら十倍売れるよ。十倍売れるね。最近は広告も出せないんでしょ、あんまり。

綾織　いえ、そんなことはありませんけれども（苦笑）。

見城徹守護霊　もう売れない。どうせ（広告を）打ったって、売れないから。ね？

綾織　いえいえ。やはり、コピーライティングのところなど、勉強になります。

見城徹守護霊　だから、君に憑依《ひょうい》してやるよ。

斎藤　（笑）

見城徹守護霊　そしたら売れるようになるから。

綾織　あ、憑依なんですか。

見城徹守護霊　うん。君（綾織）に憑依すれば、どんどんアイデアが湧《わ》いてくるから。

斎藤　今日からよろしくお願いします。売れる方向の指導もしてください。

8　見城徹氏の霊的《れいてき》インスピレーションの源泉とは

見城徹氏守護霊は普段《ふだん》どのような霊界《れいかい》にいるのか

綾織　憑依《ひょうい》なのかどうかということについても確認していきたいと思うのですけれども、普段《ふだん》は、どういうところにいらっしゃるのでしょうか。

見城徹守護霊　それ、どういう意味？

綾織　あなたはあの世の霊《れい》でいらっしゃるので、もちろん、見城社長にアドバイスされていることもあるんでしょうけれども、普段はどういう世界にいらっしゃるのか、非常に関心があります。

見城徹守護霊　〝警察の取り調べ〟が始まったか……。

綾織　いえいえいえ。やはり、これだけの仕事をされる方のエネルギーが、どこから出てくるのかを、ちょっと知りたいなと思いまして。

見城徹守護霊　うーん。いよいよ……。お賽銭箱《さいせんばこ》がないなあ。賽銭がないと、やっぱり、あれだね。

これ（本書）の売り上げは、多少うちのほうに入るのかな？

斎藤　（笑）

綾織　（幻冬舎の本を指して）この『天才』の本が売れると思います。

見城徹守護霊　ああ、そっちが売れる？

綾織　はい。

見城徹守護霊　うーん。いやあ、あんた、もし、人の名前と顔写真を使って売ろうとするんだったら、半額ぐらいは当社に入れてくれてもいいんじゃないか。

綾織　（サイドテーブルにある見城徹氏の著書を指して）今、出ている本の内容よりも、この霊言のほうがすごくいい内容であるので、プラスになります。

見城徹守護霊　（舌打ち）チェッ。

天雲　（笑）

見城徹守護霊　言うたなあ。うーん、まあ、いいよ。半分は〝ほめてる〟から、いいことにする。

「今の仕事は過去世《かこぜ》の経験がいちばん生きている」

見城徹守護霊　で、何？　インスピレーション元を探そうとしてるわけね？

綾織　そうですね。普段はどのように過ごされているのでしょうか。

見城徹守護霊　当ててみろよ、どんな人か。だいたい大枠《おおわく》でもいいから。「このあたり、こんな感じなんじゃないか」っていうのを当ててみろ。霊感《れいかん》、霊感……。これが当たるかどうかでねえ、君たちの講師の資格が決まるから。

綾織　非常にリスクを取られているので、「相場師《そうばし》」的なところですか？

見城徹守護霊　ああ、いいところきたねえ！　いいところきたねえ、やっぱり。

綾織　ああ、そうですか。

見城徹守護霊　さすがやなあ。はあああ。さすがだわ。

綾織　なるほど。

見城徹守護霊　さすが！　さすが、だてに月刊誌の編集長をしてないね。うん。さすがだわ。

綾織　実際に、昔から、ギャンブルではないですけれども、相場を張るような方だったのですか。

見城徹守護霊　「相場」という言葉を使ったね。それは当たりだね。

綾織　そうですか。

見城徹守護霊　それはズバッと当たった。当たった。一発で当てたのは、さすが宗教の編集長だねえ。すごいねえ。

綾織　それは、時代としてはどのあたりなんでしょう。

見城徹守護霊　まあ、米相場だよ。

綾織　あ、米相場ですか。

見城徹守護霊　うーん。大阪《おおさか》のね。

綾織　ああ、はいはい。堂島《どうじま》ですね。

見城徹守護霊　うん、そうそうそう。米相場をやってた。だから、投機商売は大好き。

綾織　ほお。

大阪にある堂島での米取引は、江戸時代から始まり、明治・大正時代まで続いた。
写真左：大阪堂島米穀取引所（『大阪府写真帖』より）、写真右：浪花名所図会　堂じま米あきない（江戸時代）。歌川広重画。（2点とも国立国会図書館所蔵）

見城徹守護霊　それをやってたのが、今、いちばん生きてる。

斎藤　おおおお。

見城徹守護霊　経験的にはね。米相場なんかは、ほんとは台風とかがすっごいねえ……、まあ、「面白《おもしろ》い」って言ったら罰《ばち》が当たるけども、イレギュラリティー（変則的なもの）じゃん、ね？　台風なんかによって、急に変わるわけよ。米が入らなくなったり、あるいは駄目《だめ》になったりすることもあるし、それから、船が沈《しず》むようなこともあるしね。まあ、いろいろなことがあるんで、そういう天候の不順とかいうのは、そうとう大きく影響《えいきょう》するから、博打《ばくち》みたいなところも一部ある。

それから、春先から早めにね、夏、秋を読まなきゃいけないから、そういう意味で、占《うらな》い事にも近かった。今年一年の天候や、豊作かどうかの占いみたいなのを、ちょっと読まなきゃいけないわけでね。

まあ、米相場師で金儲《かねもう》けをやったけども、昔（さらに過去世《かこぜ》）は、亀甲占《きっこう》いみたいなのもやってたから、そういう意味では……。日本でね。

綾織　あ、日本で。

見城徹守護霊　あそこの、甘樫丘《あまかしのおか》（奈良《なら》県中部の明日香《あすか》村北部にある丘）でね。

綾織　そうですか。

見城徹守護霊　亀《かめ》の甲羅《こうら》を湯のなかでグツグツ煮《に》て、ひび割れを見て吉凶《きっきょう》を占って、「出陣《しゅつじん》です」とか言ったりね。

綾織　それは、どなたにアドバイスされていたのでしょうか。

見城徹守護霊　うーん、当時の〝やんごとなき方々〟に対してですね。やっぱり、戦《いくさ》の前には、占いは必ずやりましたからね。

さらに前の過去世《かこぜ》では中国に生まれていた

見城徹守護霊　もちろん、その前は、古い中国でも、そういう意味での……、まあ、亀甲占いとはちょっと違《ちが》うけども、道教《どうきょう》の源流みたいなあたりでね。中国にも、昔から占いみたいなものはあったんで。仙人《せんにん》だな。まあ、これは仙術《せんじゅつ》だな。仙術と言うべきだな。

だから、仙人をやってたことはあるなあ。うーん。それで、けっこう金は儲けてた。都《みやこ》でね。

斎藤　ああ、都で仙術を教えたりして……。

見城徹守護霊　ええ。都で。
　まあ、いろんなかたちはあるんだけどね。今の八卦《はっけ》の見方みたいなやつは、いちおう数学的な面もあるんだけども、ああいうもののもとになるものを扱《あつか》っていたことはあるね。

斎藤　うーん。

見城徹守護霊　だから、いろんな方が来たよな。それは、もちろん、政府の偉《えら》い人から、商売人から、その他《た》、結婚《けっこん》レベルの話まで、いろいろ来たけど、そういう卦《け》を見て判断するっていうことをやってたねえ。
　そういう意味では、あなたが言ったとおり、そうした「投機的なもの」や「占い的なもの」、「相場的なもの」には関心が強いわなあ。

綾織　そのなかで、名前として遺《のこ》っているような方というのは……。

見城徹守護霊　「名前」とまでいったら、ちょっとそれは……。君らが言う「名前」っていうのは、日本史や世界史のセンター試験に出るような名前だろう？

綾織　雑学レベルでもいいんですけれども。

見城徹守護霊　それはちょっと無理なんじゃないかねえ。うーん、それはちょっと無理があるな。

編集担当をした直木賞《なおきしょう》作家・景山民夫《かげやまたみお》氏との霊的交流は？

斎藤　一つ、当会との縁《えん》としまして、直木賞《なおきしょう》作家の景山民夫《かげやまたみお》さんがいらっしゃいます。

見城徹守護霊　ああ、ああ。はい、はい、はい、はい。

斎藤　『遠い海から来たＣＯＯ《クー》』という名作がございますが、見城社長が「野性時代」や「月刊カドカワ」におられたときに、その担当編集者だったというご縁がございます。

見城徹守護霊　ああ、そうだねえ。（幸福の科学と）縁がないわけじゃあないんだ。

斎藤　ええ。何か、非常に奇遇《きぐう》なところもあるのかなあと思いまして。

見城徹守護霊　うーん、まあ……、その後の仕事が、『ＣＯＯ』とはだいぶ違ってるかもしれないけどね（笑）。あれは、あんまりにも純朴《じゅんぼく》な内容だったよねえ。若かったこともあるんですけど、いやあ、景山さんって純粋《じゅんすい》な人だったんだねえ、ずいぶんね。

斎藤　うーん。

見城徹守護霊　ちょっと驚《おどろ》きだねえ。ああいう純朴なやつがいちばん有名な……。

斎藤　守護霊様は、霊同士でのご縁はないのですか。

見城徹守護霊　景山さんと？

斎藤　はい。あの世の霊界での交流というのはございませんか。

見城徹守護霊　景山さんは偉くなっちゃってるからねえ、今。

斎藤　ああ。

綾織　やはり、そうなんですか。

見城徹守護霊　偉くなっちゃってるんで。

斎藤　やはり、偉くなってしまったんですね。

見城徹守護霊　こういう相場に関心があるようなやつはみんな、やっぱり、ちょっとこの世に近いからねえ。

斎藤　この世的価値観に近いところにいる人たちが集まっているのですか。

見城徹守護霊　仙術に専念して深ーく入り込《こ》めば、それはまた、神仙の術もねえ、神様への道はあるんだけど。ちょっと今は、この世のほうにのめり込んではいるからね。

景山さんは、今、神様の近くまで行っていらっしゃるから、酒を飲み交《か》わせるような関係にはないな。

斎藤　はあ。

9　見城徹氏守護霊から幸福の科学へのアドバイス

「勝てるのが分かっているような目標なんか面白《おもしろ》くない」

天雲　今、過去世《かこぜ》についてお伺《うかが》いしていると、「生来の勝負師」というような感じがするのですが、見城社長の守護霊様が考える、「何をもって成功とするか」「何をもって勝利とするか」というところについて、お伺いしてもよろしいでしょうか。

見城徹守護霊　やっぱり、自分が勝負と思って打って出たもので、自分が目標としてるところを超《こ》えることができれば、それは、いちおう「勝った」と言えるとは思うんだよね。

もう、最初から勝てるのが分かってるというか、当たるのが分かってる目標だったら、やっぱり、そんなのは面白《おもしろ》くないよね？　例えば、有名な作家を使って、「この人の本で一万部以上売る」みたいな目標だったら、こんなのはもう勝負にならないじゃない。ね？

天雲　うーん。

見城徹守護霊　それを、私なんかだったら、例えば、広告でも、二十五万部は売らなければ採算が取れないぐらいの広告を打ってみて、「これで二十五万部を超えられるか」とかね。例えば、そういう目標を立ててるわけよ。

そういうので勝てたら、やっぱり、「勝ち」と言えると思うんだけど、普通《ふつう》の当たり前のところに（目標を）立てて……。たぶん、おたくなんかも、宗教活動をやってても、当然到達《とうたつ》できるような目標を立てて、「百パーセント行きました」ってやってるだろうと思うけどね。それは「平凡人《へいぼんじん》のやり方」なんだよ。

今は大川隆法のファンが信者になってるんだろうとは思うけども、その信者に本を売ることだけを仕事にしてたら、やっぱり駄目《だめ》なんじゃないかと思うんですね。そんなのは、すでにいる信者にとっては当たり前のことだし、なかで売る仕事もやらなきゃいけないんだろうけれども、まだ信者になってない人たちですね。そこから「新しいファン」をつくって、それを信者にしていくところに、やっぱり、チャレンジしていかなきゃいけないわけですね。

大川隆法さんが、新しいジャンルを開いて、いろんな本を出しているけれども、それのファンづくりが、まだ十分にはできてないんじゃないかなあ。そのファンづくりの仕事をきちっとやらないと、まだ勝利してるとは言えなくて、ただ散弾銃《さんだんじゅう》を撃《う》ってるような感じになってるんじゃないかなあ。

だから、そういう「新しい分野」を開いたときには、そこでのファンをちゃんとつくって、それを組織化して信者に変えていくことをすれば、もう一段大きくなるんだ。

見城徹氏守護霊が考える「成功に必要な四つの要因」とは

見城徹守護霊　だからねえ、成功には必ずそういう、何て言うかな、まあ、言ってみれば一つは、「突出《とっしゅつ》したノベルティ」っていうか、「新奇性《しんき》」。普通のものからかけ離《はな》れて突出した「目新しさ」っていうのは必ず要《い》ります。

その「目新しさ」が要って、さらに、「極端《きょくたん》であること」。何か極端にエッジが張ってなきゃいけないね。エッジが出てるっていうか、少し尖《とが》ってるところ、そういう極端な部分がある。

ただ、「新奇性」があって「極端さ」があっても、それを無視されたら駄目なので。あなたがたはよく「マスコミが黙殺《もくさつ》する」とか言ってらっしゃるようだけど、その黙殺するマスコミを黙殺させないだけの「話題性」をつくり出せなければいけない。「話題性」を含《ふく》んでなきゃいけない。

そして、さらには、経営的な安定の面から言うと、「オルグ力」っていうかね。

まあ、それを出すことによって、それに関係のある人たちを全部オルグする、要するに味方に引き込《こ》んで、それを買わせたり、宣伝させたりする戦力に変えていくような、そういう「粘着力《ねんちゃく》」「オルグ力」みたいなものがついてないと駄目だろうとは思うね。

宗教だから、その「オルグ力」はあると思っているんだろうけれども、実は、幸福の科学ぐらい三十年もやってると、意外に、これが弱ってるところはあると思うんですよ。もう十分に潤《うるお》ってるから、十分にはやらないで済ませてるところはあると思うんだよね？　だから、このへんの「オルグ力」も要る。

「新奇性」「極端性」「話題性」、それから「オルグ力」。こうしたものが揃《そろ》えば、ベストセラーは確実に出ますね。それをやらなきゃいけない。

本を出すときに、「新奇性」は、そんなに考えてないんでしょう？　たぶんね。たぶん考えてない。

それから、「極端性」。考えてないでしょう？　たぶん考えてないはず。

「話題性」。まあ、それはたまーに考えることもあるけども、たかが新聞の広告に反応する程度では、「話題性」としては十分じゃないから。「極端性」を出さなければ「話題性」は出ないいね？

それから、やっぱり、その「オルグ性」。「どこまでいろんな人を巻き込んでいって本の部数を出すか」っていうところだよね。

今の幸福の科学に足りないものは「積極性」や「熱狂性《ねっきょうせい》」

見城徹守護霊　昔は、幸福の科学は、「三百万部突破」とかよく広告を打ってたけど、最近は打たなくなったな。それは、やっぱり、みんなの批判とかがけっこう怖《こわ》いから、遠慮《えんりょ》してるんだろうとは思うけどね。まあ、確かに嫉妬《しっと》されるからね。そのへんは怖いところがあるんだけどね。

ただ、そういう意味での、何て言うか、「おとなしくなったな」っていう感じは受けるわなあ。

だから、今、必要なのは、やっぱり、度肝《どぎも》を抜《ぬ》くような作品で、ミリオンをバーンッと出したり……。

（幸福の科学の）映画とかでも、観《み》てみりゃあ、まったくのB級映画、C級映画というわけじゃないけども、話題性になるところまでは、なかなか行かないわね？　それは、あなたがたの活動のなかに、そうした「極端性」とかが足りないからだと思うし、私、〝見城教〟で言えば、「熱狂性《ねっきょうせい》」が足りないからだろうと思いますね。

だから、内部PRも下手《へた》だし、外へのPRも足りてないところがあるかなあ。ある意味で、自分たちで文科省を超えて、文科省以上の文科省、あるいは、〝道徳省〟になろうとしてるようなところがあって、小さくなっていくところがあるような気がするなあ。

だから、「ザ・リバティ」なんか売りたかったらさあ、毎回、総裁のところに謝・・・・りに行くぐらいでなきゃ駄目なんだよ。毎回怒《おこ》られて、毎回謝りに行くっていうぐらい、怒られるのが分かってるのに謝りに行くっていうぐらいでなきゃねえ、売れやしないんだよお。分かる?

綾織　取り入れていきたいと思います。

見城徹守護霊　怒られないでしょう? だから駄目なんだよ。怒られなきゃ駄目なんだよ。「ここまでやるなよ」って言われなきゃ駄目なんだよ。そこが駄目なんだよなあ。

ただ、地獄《じごく》に行っても知らないけどね。

斎藤　(笑)

見城徹守護霊　それは、私は責任は取らない。

斎藤　重要なところですので、一つ、検討させていただき、取り入れるところは取り入れさせていただきます。

見城徹守護霊　君たちが「天国に行きたい」って言うなら、それはちょっと別だから。

綾織　「リスクを取る」「挑戦《ちょうせん》する」というところは学びたいと思います。

見城徹守護霊　まあ、羊と狼《おおかみ》は違《ちが》うからさ。羊が天国に行けると信じてるんだったら、それは狼になる必要はありません。ただ、狼は、狼として生まれた以上、やっぱり、羊を襲《おそ》わなきゃ生きていけませんからね。

「見城徹守護霊の霊言」は何部売れるか、本人が問う

斎藤　見城徹守護霊様、本当にありがとうございます。だんだんお時間となってまいりました。

見城徹守護霊　（斎藤に）編集長、何部売れる？

斎藤　この霊言本ですか。

見城徹守護霊　うん。

斎藤　ウン万部です（笑）。

見城徹守護霊　ウン万部？

斎藤　いや、ウンウン万部です。

見城徹守護霊　ミリオンセラーを出した私の本が、ウン万部？

斎藤　いやいや、もう、ウン十万部でしょうかね。分かりません。ここは頑張《がんば》ります。

見城徹守護霊　うーん。私たちは信者組織がないから、買い取ることはできませんからね。分かってます？

斎藤　はい。そうですね。

見城徹守護霊　うん。私たちは買い取りませんからね。買い取るのはそっちですからね。

斎藤　マーケットをどんどん広げて、多くの人の手に届くように頑張ってまいります。

見城徹守護霊　うん、うん。

斎藤　本日は、本当にありがとうございました。

見城徹守護霊　まあ、そうね。場合によっては、「偽物《にせもの》霊言マーケット」をつくって、ぶつけて、相乗効果でマーケットを大きくする提案もするからさあ。

斎藤　このへんは、よくよく組織的判断を踏《ふ》まえ、そして、適正なる評価をし、正しい行為《こうい》を行って、距離《きょり》感を保ちつつ、共に発展していければと考えております。

見城徹守護霊　出版界もねえ、一兆円のリセッション（景気後退）で、取次店の四番手あたりかなんかが倒産《とうさん》になったぐらいだからね。これは、もう危機なんだよ。「マーケットをいかにしてリバウンドさせるか」っていうことは、もう、出版界を背負っての使命なんだよね、分かる？

斎藤　はい。

見城徹守護霊　お互《たが》いに頑張って、〝狸《たぬき》と狐《きつね》の戦い〟をやろうじゃないか。なあ？

斎藤　幸福の科学出版社長・佐藤直史《さとうなおふみ》にも申し伝えておきますので、共に力を入れて頑張ってまいります。

見城徹守護霊　まあ、いちおう意識はしてくださってるらしいというふうに聞いてはいるんだけどね。まあ、社長にカリスマ性がないわね。はっきり言ってね。あんなんじゃ駄目だね。

斎藤　（苦笑）

見城徹守護霊　うん。坊《ぼう》さんになったほうがいいんじゃない？

斎藤　まあ、坊さんではあるんですけれども、それは少し置いておきます。

見城徹守護霊　うーん。まあ、もうちょっと面白いことを考えたほうがいいね。

斎藤　はい。

最後に幸福の科学・編集局に注文をつける見城徹氏守護霊

見城徹守護霊　まあ、ご成功なさってるんだろうから、あんまり言わないけどさ。ただ、君たちは、大川隆法の本ね、「出してくれ」って頼《たの》みにも行かないで本が出るなんて、そんな……、（斎藤を指して）地獄に堕《お》ちるんじゃないか、おまえ、そんな仕事したら。

斎藤　地獄はちょっと……、それだけは勘弁《かんべん》してください（笑）。

見城徹守護霊　その仕事で給料をもらったら、それは詐欺《さぎ》罪だ。もう地獄だろうね。ちゃんと、普通のサラリーマンが働く程度は働けよ。

斎藤　分かりました。己《おのれ》を戒《いまし》め、反省させていただきます。

見城徹守護霊　ああ、おたくの編集員でねえ、うちの会社に来て生き残れる人は、いったい何人いるか。やっぱり、それを問われるね。

斎藤　分かりました。先日、北《きた》の湖《うみ》様の霊言がありましたが、やはり、「修羅場《しゅらば》をくぐらせろ」「もっと鍛《きた》えろ」ということでした（『元相撲《すもう》協会理事長　横綱《よこづな》北の湖の霊言　ひたすら勝負に勝つ法』〔幸福の科学出版刊〕参照）。

見城徹守護霊　そうでしょう？　（天雲を指して）女性で編集局長なんか張ろうと思ったら、作家百人ぐらいと寝《ね》てなきゃ駄目よ。もう、それは絶対に無理だ。

斎藤　（苦笑）天雲局長、これは聞かなくていいですから（笑）。

天雲　（笑）

見城徹守護霊　ええ？　無理？

斎藤　これは、ちょっと外《はず》させてもらいます。

見城徹守護霊　無理なんですか、この人。駄目なの？

天雲　アドバイスはありがたく頂きます。

見城徹守護霊　ああ、そらねえ、まずは色気《いろけ》から開発しなきゃいけないです。ね？

斎藤　はい。まずは〝殻《から》〟を脱《ぬ》いで……。

見城徹守護霊　うん、うん、そう……殻？（笑）（会場笑）面白いこと言ったね、君ね、面白いこと。

斎藤　いや、とんでもありません。

見城徹守護霊　殻を脱ぐのね、はいはい、分かりました。

斎藤　はい。今日はご指導いただき、まことにありがとうございました。

綾織・天雲　ありがとうございました。

10　見城徹氏守護霊《しゅごれい》の霊言《れいげん》を終えて

大川隆法　（手を二回叩《たた》く）愉快《ゆかい》な方ですね。博学で多弁なのでしょう。まあ、「面白《おもしろ》いことを言う人だろうな」とは思っていましたけれども。うーん、どんな感じの人でしょうかね。

また、今日の霊言は、いつぐらいに発刊されるのでしょうか。なるべく早い「打ち返し」を期待したいとは思います。もしかしたら、何かのときに、お友達になれるかもしれません。

斎藤　はい。

大川隆法　なお、石原《いしはら》さんのようなことを、ほかに何人も何人も試みようとしたくないぐらいの「depression《ディプレッション》（憂鬱《ゆううつ》）」を味わっていただければよいかと思います。

斎藤　先ほど、大川真輝《まさき》事務局長からもご質問いただき、タイトル等のつくり方に対してのヒントを引き出すことができました。

大川隆法　ああ、そうですね。

ただ、向こうもプロですから、プロに判定されるということになるでしょう。プロが見て、「幻冬舎《げんとうしゃ》なら、こうする」と思うところは、きっとあるはずです。いちおう、プロ筋《すじ》の見立てに対して、「ある程度は、やるんだな」ということになるかどうか。これには、道場での竹刀《しない》合わせのようなところがあるかもしれません。

いずれにせよ、「半分からかい、半分挑戦《ちょうせん》」で来ているとは思いますので、大人の遊びとして、多少のお相手だけするというところでしょうか。

斎藤　はい。

大川隆法　当会は、決して、「講談社フライデー事件」のようなことをする気はありません。大人の遊びのレベルで止めておきたいと思っていますので、よろしくお願いします。

斎藤　はい。本日は御指導《ごしどう》、まことにありがとうございました。

大川隆法　はい。ありがとうございました。

あとがき

人生の生命は何十年かの肉体生活を経てあの世に還《かえ》る。そして魂《たましい》として生活を始める。その魂のうちには、この世の人々に強いメッセージを伝えたくて霊能者に頼んでくるものもある。これが通常の死後「霊言《れいげん》」であるが、そのレベルは、恐《おそれ》山《ざん》のイタコを通して、「美空ひばりさんですか。」「んだ。んだ。」といったレベルから、堂々たる人生哲学を語るところまで様々《さまざま》である。

旧約聖書の預言者《よげんしゃ》たちは、神の言葉を「霊言」し記録しているし、新約聖書を読めば、父なる神がイエスの口を通して語り、イエスの業《わざ》を通して病気を治したことが伝えられている。

私の場合は、通常の死後「霊言」だけでなく、生きている人の魂のきょうだいといわれる個性ある「潜在意識」からも、霊言を伝えることができる。「守護霊霊言」などもその一つである。創作では書いてないので、「フィクション」や「ノベル」（小説）は「霊言」とは呼ばない。私の霊能力の種類は多いが、歴史的な釈迦《しゃか》、キリストのレベルは超えていると信じている。

二〇一六年　一月二十六日

幸福《こうふく》の科学《かがく》グループ創始者兼総裁《そうししゃけんそうさい》　大川隆法《おおかわりゅうほう》

『幻冬舎社長　見城徹　天才の嗅覚』大川隆法著作関連書籍

『太陽の法』（幸福の科学出版刊）
『正義の法』（同右）
『愛は風の如く』全四巻（同右）
『景気回復法――公開霊言　高橋是清・田中角栄・土光敏夫――』（同右）
『救国の秘策――公開霊言　高杉晋作・田中角栄――』（同右）
『天照大神のお怒りについて』（同右）
『野坂昭如の霊言』（同右）
『地獄の条件――松本清張・霊界の深層海流』（同右）
『元相撲協会理事長 横綱北の湖の霊言 ひたすら勝負に勝つ法』（同右）
『守護霊インタビュー 石原慎太郎の本音炸裂』（幸福実現党刊）

幻冬舎社長《げんとうしゃしゃちょう》　見城徹《けんじょうとおる》　天才《てんさい》の嗅覚《きゅうかく》

2016年1月27日　初版第1刷

著　者　大《おお》　川《かわ》　隆《りゅう》　法《ほう》

発行所　幸福の科学出版株式会社

〒107-0052 東京都港区赤坂2丁目10番14号
TEL(03)5573-7700
http://www.irhpress.co.jp/

印刷・製本　株式会社 研文社

落丁・乱丁本はおとりかえいたします

ISBN978-4-86395-761-9 C0095
写真：時事通信フォト／共同通信社／国立国会図書館

大川隆法霊言シリーズ・言論・出版界について考える

巨大出版社 女社長の ラストメッセージ メディアへの教訓

拡張の一途をたどってきた「言論・出版の自由」。売り上げ至上主義、正当化される個人への攻撃……。今、マスコミ権力の「責任」を検証する。

1,400円

現代ジャーナリズム論批判

伝説の名コラムニスト深代惇郎は天の声をどう人に語るか

従軍慰安婦、吉田調書……、朝日の誤報問題をどう見るべきか。「天声人語」の名執筆者・深代惇郎が、マスコミのあり方を鋭く斬る！

1,400円

「WiLL」 花田編集長守護霊による 「守護霊とは何か」講義

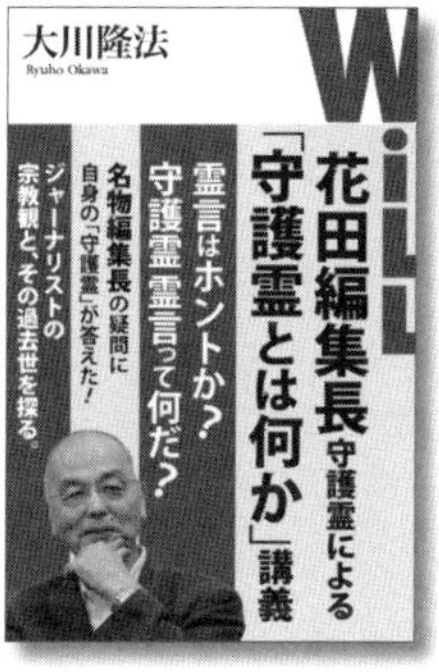

霊言がわからない──。誰もが知りたい疑問にジャーナリストの守護霊が答える！ 宗教に対する疑問から本人の過去世までを、赤裸々に語る。

1,400円

大川隆法霊言シリーズ・現代作家の霊言

「煩悩の闇」か、それとも「長寿社会の理想」か 瀬戸内寂聴を霊査する

九十代でなお「愛欲小説」を描き続け、「脱原発運動」にも熱心な瀬戸内寂聴氏——。その恋愛観、人生観、国家観を守護霊が明かす。

1,400円

山崎豊子 死後第一声

社会悪の追究、運命に翻弄される人間、その先に待ち受けるものとは——。社会派小説の第一人者が、作品に込めた真意と、死後に赴く世界を語る。

1,400円

村上春樹が売れる理由

深層意識の解剖

独自のマーケティング手法から、創作の秘密、今まで語られなかった人生観、宗教観、政治観まで。ベストセラー作家の深層意識を解剖する。

1,400円

大川隆法 霊言シリーズ・現代作家・クリエーターの霊言

小説家・景山民夫が見たアナザーワールド
唯物論は絶対に捨てなさい

やっぱり、あの世はありました！ 直木賞作家が語る「霊界見聞録」。本人が、衝撃の死の真相を明かし、あの世の様子や暮らしぶりを面白リポート。

1,400円

SF作家 小松左京の霊言「日本沈没」を回避するシナリオ

SFで描かれた未来が現実に!? 映画「日本沈没」の原作者が天上界から贈る、驚愕の近未来予測。天変地異や他国からの侵略を回避する術とは？

1,400円

AKB48 ヒットの秘密
マーケティングの天才・秋元康に学ぶ

放送作家、作詞家、音楽プロデューサー。30年の長きに渡り、芸能界で成功し続ける秘密はどこにあるのか。前田敦子守護霊の言葉も収録。

1,400円

※表示価格は本体価格（税別）です。

大川隆法 霊言シリーズ・マスコミのあり方を検証する

「文春」に未来はあるのか

創業者・菊池 寛の霊言

正体見たり！ 文藝春秋。偏見と妄想に満ちた週刊誌ジャーナリズムによる捏造記事の実態と、それを背後から操る財務省の目論見を暴く。

1,400円

芥川龍之介が語る「文藝春秋」論評

菊池寛の友人で、数多くの名作を遺した芥川龍之介からのメッセージ。菊池寛の死後の様子や「文藝春秋」の実態が明かされる。

1,300円

ナベツネ先生 天界からの大放言

読売新聞・渡邉恒雄会長 守護霊インタビュー

混迷する政局の行方や日本の歴史認識への見解、さらにマスコミの問題点など、長年マスメディアを牽引してきた大御所の本心に迫る。

1,400円

大川隆法シリーズ・最新刊

新時代の道徳を考える

いま善悪をどうとらえ、教えるべきか

道徳の「特別の教科」化は成功するのか？「善悪」「個人の自由と社会秩序」「マスコミ報道」など、これからの道徳を考える13のヒント。

1,400円

英語霊言 日本語訳付き

守護霊インタビュー ドナルド・トランプ アメリカ復活への戦略

次期アメリカ大統領を狙う不動産王の知られざる素顔とは？ 過激な発言を繰り返しても支持率トップを走る「ドナルド旋風」の秘密に迫る！

1,400円

北朝鮮・金正恩はなぜ「水爆実験」をしたのか

緊急守護霊インタビュー

2016年の年頭を狙った理由とは？ イランとの軍事連携はあるのか？ そして今後の思惑《おもわく》とは？ 北の最高指導者の本心に迫る守護霊インタビュー。

1,400円

※表示価格は本体価格（税別）です。

大川隆法シリーズ・新刊

元相撲協会理事長 横綱
北の湖の霊言
ひたすら勝負に勝つ法
死後3週目のラスト・メッセージ

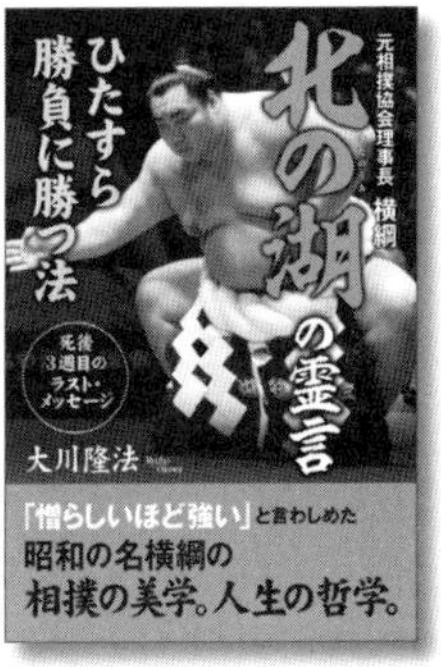

精進、忍耐、そして"神事を行う者"の誇りと自覚——。国技の頂点に立ちつづけた昭和の名横綱が、死後三週目に語った「勝負哲学」。

1,400円

水木しげる
妖怪ワールドを語る
死後12日目のゲゲゲ放談

ページを開けば、そこはもう「異界」——。妖怪マンガの第一人者が明かす、創作の原点、独自の霊界観、そして日本人へのメッセージ。

1,400円

「パンダ学」入門
私の生き方・考え方
大川紫央　著

忙しい時でも、まわりを和《なご》ませ、癒やしてくれる——。その「人柄」から「総裁を支える仕事」まで、大川隆法総裁夫人の知られざる素顔を初公開!

1,300円

天使は、見捨てない。
天使に I'm fine! アイム・ファイン
製作総指揮/大川隆法
雲母(きらら) 芦川よしみ 金子昇 清水一希 合香美希
原作/『アイム・ファイン』大川隆法(幸福の科学出版)
監督・脚本/園田映人 音楽/大門一也 製作:ニュースター・プロダクション 制作プロダクション:ジャンゴフィルム 配給:日活 配給協力:東京テアトル
©2016ニュースター・プロダクション
5つの傷ついた心に、奇跡を起こす ―
G
3.19(SAT)ROADSHOW
NIKKATSU
www.newstar-pro.com/tenshi/

幸福の科学グループのご案内

宗教、教育、政治、出版などの活動を通じて、地球的ユートピアの実現を目指しています。

幸福の科学

一九八六年に立宗。信仰の対象は、地球系霊団の最高大霊、主エル・カンターレ。世界百カ国以上の国々に信者を持ち、全人類救済という尊い使命のもと、信者は、「愛」と「悟り」と「ユートピア建設」の教えの実践、伝道に励んでいます。

（二〇一六年一月現在）

愛

幸福の科学の「愛」とは、与える愛です。これは、仏教の慈悲《じひ》や布施《ふせ》の精神と同じことです。信者は、仏法真理をお伝えすることを通して、多くの方に幸福な人生を送っていただくための活動に励んでいます。

悟り

「悟り」とは、自らが仏の子であることを知るということです。教学《きょうがく》や精神統一によって心を磨き、智慧《ちえ》を得て悩みを解決すると共に、天使・菩薩《ぼさつ》の境地を目指し、より多くの人を救える力を身につけていきます。

ユートピア建設

私たち人間は、地上に理想世界を建設するという尊い使命を持って生まれてきています。社会の悪を押しとどめ、善を推し進めるために、信者はさまざまな活動に積極的に参加しています。

国内外の世界で貧困や災害、心の病で苦しんでいる人々に対しては、現地メンバーや支援団体と連携して、物心両面にわたり、あらゆる手段で手を差し伸べています。

年間約３万人の自殺者を減らすため、全国各地で街頭キャンペーンを展開しています。

公式サイト　www.withyou-hs.net

ヘレン・ケラーを理想として活動する、ハンディキャップを持つ方とボランティアの会です。視聴覚障害者、肢体不自由な方々に仏法真理を学んでいただくための、さまざまなサポートをしています。

公式サイト　www.helen-hs.net

INFORMATION

お近くの精舎・支部・拠点など、お問い合わせは、こちらまで！

幸福の科学サービスセンター

TEL. **03-5793-1727**（受付時間 火〜金：10〜20時／土・日・祝日：10〜18時）

幸福の科学 公式サイト　**happy-science.jp**

学部のご案内

人間幸福学部

人間学を学び、新時代を切り拓くリーダーとなる

人間の本質と真実の幸福について深く探究し、
高い語学力や国際教養を身につけ、人類の幸福に貢献する
新時代のリーダーを目指します。

経営成功学部

企業や国家の繁栄を実現する、起業家精神あふれる人材となる

企業と社会を繁栄に導くビジネスリーダー・真理経営者や、
国家と世界の発展に貢献する
起業家精神あふれる人材を輩出します。

未来産業学部

新文明の源流を創造するチャレンジャーとなる

未来産業の基礎となる理系科目を幅広く修得し、
新たな産業を起こす創造力と起業家精神を磨き、
未来文明の源流を開拓します。

未来創造学部

2016年4月
開設予定

時代を変え、未来を創る主役となる

政治家やジャーナリスト、ライター、俳優・タレントなどのスター、
映画監督・脚本家などのクリエーターを目指し、国家や世界の発展、
幸福化に貢献できるマクロ的影響力を持った徳ある人材を育てます。

キャンパスは東京がメインとなり、2年制の短期特進課程も新設します（4年制の1年次は千葉です）。2017年3月までは、赤坂「ユートピア活動推進館」、2017年4月より東京都江東区（東西線東陽町駅近く）の新校舎「HSU未来創造・東京キャンパス」がキャンパスとなります。

教育

学校法人 幸福の科学学園

学校法人 幸福の科学学園は、幸福の科学の教育理念のもとにつくられた教育機関です。人間にとって最も大切な宗教教育の導入を通じて精神性を高めながら、ユートピア建設に貢献する人材輩出を目指しています。

幸福の科学学園

中学校・高等学校（那須本校）
2010年4月開校・栃木県那須郡（男女共学・全寮制）
TEL **0287-75-7777**
公式サイト **happy-science.ac.jp**

関西中学校・高等学校（関西校）
2013年4月開校・滋賀県大津市（男女共学・寮及び通学）
TEL **077-573-7774**
公式サイト **kansai.happy-science.ac.jp**

ハッピー・サイエンス・ユニバーシティ（HSU）
TEL **0475-32-7770**

仏法真理塾「サクセスNo.1」 TEL **03-5750-0747**（東京本校）

小・中・高校生が、信仰教育を基礎にしながら、「勉強も『心の修行』」と考えて学んでいます。

不登校児支援スクール「ネバー・マインド」 TEL **03-5750-1741**
心の面からのアプローチを重視して、不登校の子供たちを支援しています。
また、障害児支援の**「ユー・アー・エンゼル！」運動**も行っています。

エンゼルプランV TEL **03-5750-0757**
幼少時からの心の教育を大切にして、信仰をベースにした幼児教育を行っています。

シニア・プラン21 TEL **03-6384-0778**
希望に満ちた生涯現役人生のために、年齢を問わず、多くの方が学んでいます。

NPO 活動支援

学校からのいじめ追放を目指し、さまざまな社会提言をしています。また、各地でのシンポジウムや学校への啓発ポスター掲示等に取り組む一般財団法人「いじめから子供を守ろうネットワーク」を支援しています。

公式サイト **mamoro.org**
相談窓口 **TEL.03-5719-2170**
ブログ **blog.mamoro.org**

政治

幸福実現党

内憂外患《ないゆうがいかん》の国難に立ち向かうべく、二〇〇九年五月に幸福実現党を立党しました。創立者である大川隆法党総裁の精神的指導のもと、宗教だけでは解決できない問題に取り組み、幸福を具体化するための力になっています。

党員の機関紙
「幸福実現NEWS」

TEL 03-6441-0754
公式サイト hr-party.jp

出版 メディア 事業

幸福の科学出版

大川隆法総裁の仏法真理の書を中心に、ビジネス、自己啓発、小説など、さまざまなジャンルの書籍・雑誌を出版しています。他にも、映画事業、文学・学術発展のための振興事業、テレビ・ラジオ番組の提供など、幸福の科学文化を広げる事業を行っています。

アー・ユー・ハッピー?
are-you-happy.com

ザ・リバティ
the-liberty.com

幸福の科学出版
TEL 03-5573-7700
公式サイト irhpress.co.jp

THE FACT

ザ・ファクト
マスコミが報道しない
「事実」を世界に伝える
ネット・オピニオン番組

Youtubeにて
随時好評配信中!

ザ・ファクト 検索